suhrkamp taschenbuch 486

Molière, eigentlich Jean Baptiste Poquelin, wurde am 15. 1. 1622 in Paris geboren und starb dort am 17. 2. 1673. Er erhebt die französische Komödie – zu deren bedeutendsten *Der Geizige, Der eingebildet Kranke* und *George Dandin* zählen – aus den Niederungen der primitiven Farce und der äußerlichen italienischen Masken- und Intrigenkomödie zum Kunstwerk.

Tankred Dorst, geboren 1925 in Sonneberg/Thüringen, lebt heute in München.

»Diese Übersetzungen und Bearbeitungen sind entstanden auf der Suche nach einem neuen Molière: nicht dem zierlichen, den es schon gab, nicht dem charmanten, nicht dem literarischen Molière«, so begründet Tankred Dorst seine Arbeit. »Ich wollte die vitale Kraft wiederentdecken, die einmal in ihm gesteckt haben muß, denn wie sonst hätte er so viel Wut, Erbitterung und so viel befreiendes Gelächter hervorrufen können?«

Molière
Drei Stücke
Deutsch von
Tankred Dorst

Suhrkamp

suhrkamp taschenbuch 486
Zweite Auflage, 7.–9. Tausend 1982
© der deutschen Übersetzung Suhrkamp Verlag
Frankfurt am Main 1978
Suhrkamp Taschenbuch Verlag
Alle Rechte vorbehalten, insbesondere das des öffentlichen
Vortrags, der Übertragung durch Rundfunk und Fernsehen
sowie der Übersetzung, auch einzelner Teile.
Das Recht der Aufführung oder Sendung für *Der Geizige*
und *Der eingebildete Kranke* ist nur vom Theaterverlag
Kiepenheuer & Witsch, Karolingerring 29, 5000 Köln 1,
Tel. 31 51 60, zu erwerben; das Recht der Aufführung oder
Sendung für *George Dandin* nur vom Suhrkamp Verlag,
Lindenstr. 29–35, 6000 Frankfurt/Main 1, Tel. 74 02 31. Den
Bühnen und Vereinen gegenüber als Manuskript gedruckt.
Satz: IBV Lichtsatz KG, Berlin
Druck: Nomos Verlagsgesellschaft, Baden-Baden
Printed in Germany
Umschlag nach Entwürfen von
Willy Fleckhaus und Rolf Staudt

Inhalt

Der Geizige

Personen

HARPAGON
CLÉANTHE
ELISE
ANSELME
VALÈRE
MARIANE
FROSINE
MAITRE SIMON
JACQUES
BRINDAVOINE
LA MERLUCHE
LA FLÈCHE
EIN POLIZEIKOMMISSAR

Das Stück spielt in Paris

1.

Harpagons Haus. Gartenseite. Elise putzt Schuhe. Valère, als alter bärtiger Mann verkleidet.

VALÈRE Elise! Was ist denn los? Erst verlobst du dich mit
mir, und jetzt machst du so ein Gesicht! Ich freue mich
wie verrückt und du – tut's dir jetzt leid?

ELISE Natürlich nicht! Ich bin nun mal so. Ich bin zu
schwach, ich habe immer Angst. Du machst mich ganz
wehrlos.

VALÈRE Angst? Wovor denn?

ELISE Ach, vor allem! Mein Vater! Die Familie! Das Gerede der Leute! Aber vor allem habe ich Angst vor dir,
Valère.

VALÈRE Vor mir?

ELISE Eines Tages liebst du mich vielleicht nicht mehr.

VALÈRE Süße!

ELISE Alle Männer sind so. Einer wie der andere. Das weiß
ich doch. Wenn man euch liebt, nutzt ihr es gleich aus.

VALÈRE Was heißt: Alle Männer! Jetzt bin ich beleidigt. Ich
bin doch nicht »alle Männer«! Ich habe meine Prinzipien.
– Dich nicht mehr lieben – unvorstellbar!

ELISE Das wird sich erst zeigen.

VALÈRE Jetzt hör endlich auf, du gehst mir auf die Nerven!
Immer siehst du bloß schwarz!

ELISE Ja – ich will dir ja glauben! Alles glaube ich dir! Daß
du mich ehrlich liebst! Daß du mir treu bleibst! Alles! Nur
eben, die Leute…

VALÈRE Die Leute! Die Leute!

ELISE Die sehn dich ja nicht so wie ich. Die verstehn ja
nicht, warum ich so leichtsinnig… aber ja! Ich habe ja
Grund, dir dankbar zu sein. Valère, – für mich hast du ja
einfach alles aufgegeben, Familie und Renommée, und
läufst hier bei meinem Vater als Diener herum, nur um

in meiner Nähe zu sein! Das ist bestimmt Grund genug, daß man dich liebt und dir alles verspricht. Nur – ob die Leute das verstehn…?

VALÈRE Wer deinen Vater kennt, wie geizig der ist, wie engstirnig, der versteht noch ganz was anderes! Entschuldige, ich rede respektlos von deinem alten Herrn. Aber du weißt ja selbst! Laß mich erst meine Eltern wiederfinden, dann merkt er plötzlich, wen er vor sich hat, dann ist er mit allem einverstanden, garantiert! Wenn ich nicht bald von meinen Eltern höre, zieh ich selbst los und suche sie.

ELISE Nein, Valère! Bleib da! Bitte! Sieh lieber, wie du mit meinem Vater zurechtkommst! Ich hab Angst.

VALÈRE Das tu ich ja! Und wie! den ganzen Tag streich ich ihm Honig um den Bart, sage zu allem ja, richtig, sehr wohl, ganz meine Meinung, ausgezeichnet, – ich fürchte schon immer, jetzt ist es zu dick, aber was denn! Es kann gar nicht dick genug sein! Er schluckt alles. Ehrlichkeit! Was heißt da ehrlich! Man paßt sich an – so ist es doch! Will man was von den Leuten, muß man auf sie eingehen. Kann ich dafür, daß sie so sind?

ELISE *geht mit den Schuhen ins Haus:* Ich finde, du müßtest mit meinem Bruder reden.

VALÈRE Mach *du* das doch! Ihr könnt's doch gut miteinander!

2.

Schlafzimmer, Cléanthe und Elise auf dem Bett.

ELISE Mein lieber Bruder, ich möchte dir was erzählen.

CLÉANTHE Ich auch: Ich bin verliebt.

ELISE Ach! Du?

CLÉANTHE Ja! Ich! Sag jetzt nichts, ich weiß schon: Unsere Eltern haben uns das Leben geschenkt, dafür müssen wir ewig dankbar sein. Gehorsam geht über alles! Wir können doch nicht einfach tun, was wir wollen! Und das ist auch ganz richtig so: denn ein junger Mensch ist ja durch seine Unreife gar nicht zurechnungsfähig. Die Eltern aber sind sachlich und kennen die Welt. Sie wissen viel besser, was für die Kinder richtig ist. Jugendliche Hitze kann ja nur in der Gosse enden! Du brauchst mir das alles nicht erst lang erzählen, Elise, ich weiß, ich weiß, ich weiß! Aber ich bin völlig taub für alle Argumente, – spar sie dir!

ELISE Seid ihr denn schon verlobt?

CLÉANTHE Nein, aber bald.

ELISE Wann denn?

CLÉANTHE Egal wann – komme mir nur nicht mit neuen Argumenten!

ELISE Cléanthe, hältst du mich wirklich für so dumm?

CLÉANTHE Du bist eben nicht verliebt! Du hast gar keine Ahnung! Du weißt gar nicht, wie das ist! Darum kommst du mit deiner Moralpredigt.

ELISE Ach, meine Moral! Reden wir lieber nicht davon! Kein Mensch kann doch so ganz absolut für sich einstehen. Wenn du wüßtest – aber dann hältst du mich bestimmt für völlig verdorben.

CLÉANTHE Was? Du auch? Das wäre ja phantastisch!

ELISE Sag erst du! Was ist das für ein Mädchen?

CLÉANTHE Sie wohnt seit dem Frühjahr hier ganz in der Nähe. Du müßtest sie einfach mal sehen. Du würdest dich bestimmt auch in sie verlieben. So etwas Schönes gibt es auf der ganzen Welt nicht mehr! Mariane heißt sie. Sie lebt mit ihrer Mutter zusammen, die ist krank. Sie pflegt sie, aber mit einer Hingabe! Du wärst begeistert, Elise! Sie braucht bloß ins Zimmer zu kommen, schon strahlt alles! Sie ist zärtlich, und so liebevoll, und so herrlich, und wie sie sich bewegt, der Gang – ach Schwester, du müßtest sie einfach mal sehen!

ELISE *altjüngferlich bissig:* Ich verstehe schon, du liebst sie.

CLÉANTHE Stell dir vor: die sind ganz arm. Es reicht kaum

für das Nötigste. Sie müssen ganz bescheiden leben. Aus-
gehn tun sie überhaupt nicht. Wenn ich da wenigstens mal
was mitbringen könnte, wenn ich hingehe! So ab und zu
mal ein kleines Geschenk machen! Oder sie ein bißchen
unterstützen! Das will man doch, wenn man liebt. Aber
der Alte ist ja so kniepig. Kcinen Sou rückt er raus.

ELISE Das bedrückt dich natürlich; das verstehe ich.

CLÉANTHE Es macht mich ganz krank! Ach diese ekelhafte
Knauserei! Man kommt sich vor wie ein Sträfling! Geld!
Was haben wir denn von dem Geld! *Jetzt* brauchen wir's,
solang wir noch jung sind! *Jetzt* hätten wir was davon! Ich
muß vom Pump leben, bloß damit ich überhaupt vegetie-
ren kann! Für die paar Fetzen vom Schneider! Nicht einmal die Handschuhe hätte ich sonst! Nein, das mach ich
nicht mehr mit! Ich erzähl jetzt dem Alten, daß ich Mariane heirate, dann werden wir ja sehn. Macht er Schwierigkeiten, dann geh ich, Schluß! Mariane nehme ich mit,
– egal wohin. Wir finden schon einen Ort in der Welt, wo
wir glücklich sind. Bloß: die Reise kostet auch Geld, leider, das muß ich irgendwie auftreiben, eine größere
Summe. Und dann – adieu! – Kannst ja auch mitkom-
men, Elise! Oder willst du lieber hier versauern?

3.

Harpagons Kontor. Harpagon, La Flèche.

HARPAGON Raus mit dir! Auf der Stelle! Keine Widerrede!
Raus! Laß dich hier nicht mehr erwischen! Du Schnüffler!
Du Dieb!

LA FLÈCHE *beiseite:* Der ist total meschugge, der Alte!

HARPAGON Was war das?

LA FLÈCHE Warum schmeißen Sie mich eigentlich raus?

HARPAGON Du Lump du, du fragst auch noch warum? Mach
daß du rauskommst! Sonst schlag ich dich tot!

LA FLÈCHE Was ich ich Ihnen denn getan?

HARPAGON Verschwinden sollst du, das hast du mir getan!

LA FLÈCHE Ihr Sohn hat mir gesagt, ich soll hier auf ihn warten.

HARPAGON So? Mein Sohn? Dann von mir aus auf der Straße, aber nicht hier! Das mache ich nicht länger mit! Dauernd schleichst du hier im Haus herum! Spionierst mir nach! In jeder Ecke! Schnüffelst herum! Dieb!

LA FLÈCHE Dieb? Wo Sie alles zehnmal einschließen? Machen Sie keine Witze! Sie traun sich ja nicht mal zu schlafen, nachts, vor lauter Angst.

HARPAGON Jetzt hast du dich verraten! Du Spitzel! *für sich:* Weiß er was? Das Geld? *laut:* Du bist imstand und behauptest öffentlich, ich habe Geld im Haus.

LA FLÈCHE Sie haben Geld im Haus?

HARPAGON Schwachkopf! Das hab ich nicht gesagt! *beiseite:* Ich werde verrückt! *laut:* Du bist imstand und posaunst überall aus, ich habe Geld im Haus versteckt! Aus purer Bosheit!

LA FLÈCHE Ob Sie welches haben oder nicht – wir haben ja doch nichts davon.

HARPAGON So, auch noch frech werden! Dir bring ich's bei! *er will ihn ohrfeigen:* Zum letztenmal: verschwinde!

LA FLÈCHE Bin ja schon weg.

HARPAGON Halt! Was hast du da mitgenommen?

LA FLÈCHE Mitnehmen? Bei Ihnen? Sehr komisch!

HARPAGON Komm her! Laß mal sehn! Zeig deine Hände!

LA FLÈCHE Bitte.

HARPAGON Die anderen!

LA FLÈCHE Die anderen?

HARPAGON Ja!

LA FLÈCHE Bitte!

HARPAGON *zeigt auf La Flèches Hosen:* Ist da nichts drin?

LA FLÈCHE Schaun Sie doch nach!

HARPAGON *tastet die Hosen ab:* Die reinsten Räuberhöhlen, diese Hosen! – Aufhängen müßte man euch alle!

LA FLÈCHE *beiseite:* Und dir die Bude ausräumen.

13

HARPAGON Wie?

LA FLÈCHE Was?

HARPAGON Was sagst du da von ausräumen?

LA FLÈCHE Ich sagte, räumen Sie nur aus!

HARPAGON *wühlt in den Taschen:* Das tu ich.

LA FLÈCHE *beiseite:* Der Geizhals! Krepieren soll er an seinem Geiz!

HARPAGON Wie? Was sagst du?

LA FLÈCHE Habe ich was gesagt?

HARPAGON Was hast du da gesagt von Geiz und Geizhals?

LA FLÈCHE Ach ja! Ich habe gesagt, die sollen dran krepieren, am Geiz.

HARPAGON Wer?

LA FLÈCHE Na, die Geizhälse eben!

HARPAGON Und wer sind die?

LA FLÈCHE Das kann Ihnen doch egal sein!

HARPAGON Was egal ist ist mir nicht egal!

LA FLÈCHE Ach Sie meinen, ich meine Sie?

HARPAGON Ich meine was ich meine. Zu *wem* hast du das eben gesagt, will ich wissen!

LA FLÈCHE Ich? Zu meiner Mütze.

HARPAGON *schlägt sie ihm aus der Hand:* Ich geb dir Mütze!

LA FLÈCHE Haben Sie was dagegen, daß die krepieren?

HARPAGON Wer?

LA FLÈCHE Die Geizhälse.

HARPAGON Nein. Aber gegen deine Frechheit hab ich was!

LA FLÈCHE Ich nenne ja keine Namen.

HARPAGON Noch ein Wort!

LA FLÈCHE Wem's juckt, der kratze sich!

HARPAGON Halt den Mund!

LA FLÈCHE Wenn's sein muß.

HARPAGON Wanze!

LA FLÈCHE *deutet auf seine Tasche im Rock:* Ach, hier ist ja noch eine Tasche!

HARPAGON Los! Los! Keine lange Sucherei! Her damit!

LA FLÈCHE Was denn?

HARPAGON Was du mir gestohlen hast!

LA FLÈCHE *arglos:* Hab ich doch gar nicht!

HARPAGON Bestimmt nicht?

LA FLÈCHE Bestimmt nicht!

HARPAGON Dann raus!

LA FLÈCHE Empfehle mich bestens.

HARPAGON Krepier an deinen Lügen!

   La Flèche ab

HARPAGON *kommt nach vorn:* Ich kann den Kerl nicht ausstehen! – So viel Geld im Haus, wissen Sie, das ist eine
üble Sache! 10 000 Francs! Sie haben nicht so viel? Seien
Sie froh! Seien Sie froh, daß Sie nicht mehr haben, als Sie
gerade brauchen. Wo soll man's denn verstecken? Können Sie mir das sagen! Im Geldschrank? Ich bitte Sie! Die
knackt man doch bekanntlich! Gerade die! Die ziehn das
Gesindel ja direkt an! Die 10 000 Francs – gestern habe
ich sie bekommen, und sofort im Garten vergraben! In
einer Kassette. *Dreht sich um:* O Gott, jetzt haben die
mich gehört!

4.

Speisezimmer. Cléanthe und Elise beim Frühstück. Harpagon setzt sich dazu.

HARPAGON Was gibt's?

CLÉANTHE Nichts, Vater.

HARPAGON Seid ihr schon lange da?

ELISE Wir haben gerade angefangen, Vater.

HARPAGON Habt ihr gehört…

CLÉANTHE Was denn, Vater?

HARPAGON Daß…

ELISE Was?

HARPAGON Was ich eben gesagt habe.

CLÉANTHE Nein.

HARPAGON Doch, doch!

15

ELISE Nein, Vater, verzeih!

HARPAGON Ich seh es euch an! Ich habe eben ein bißchen laut gedacht, und da habe ich mir so gedacht, es ist doch verdammt schwer, heutzutage Geld aufzutreiben, wohl dem, der 10 000 Francs im Hause hätte!

CLÉANTHE Wir wollten dich nicht stören, Vater. Sonst hätten wir dir guten Morgen gesagt.

HARPAGON Ich erkläre euch das nur mit den 10 000 Francs, damit ihr das richtig versteht: nicht daß ihr auf die Idee kommt, ich hätte tatsächlich 10 000 im Haus!

CLÉANTHE Deine Geschäfte sind deine Sache.

HARPAGON Ich wollte, ich *hätte* die 10 000!

CLÉANTHE Schön wär's!

HARPAGON Dann *hätte* ich ausgesorgt.

ELISE Es gibt Dinge, Vater…

HARPAGON Die *könnte* ich brauchen.

CLÉANTHE Ich nehme an, daß…

HARPAGON Gerade recht *kämen* die mir!

ELISE Du bist…

HARPAGON Dann *brauchte* ich mich nicht mehr zu beklagen über die lausigen Zeiten.

CLÉANTHE Mein Gott, Vater, du hast doch wirklich keinen Grund, dich zu beklagen! Du hast doch Geld genug! Das weiß doch jeder!

HARPAGON Was? Ich soll Geld haben? Wer sagt denn so was? Das sind gemeine Lügen!

ELISE Rege dich doch bitte nicht so auf!

HARPAGON Ich bin fassungslos! Meine eigenen Kinder fallen mir in den Rücken!

CLÉANTHE In den Rücken fallen? Bloß weil wir sagen, du hast Geld genug?

HARPAGON Durch so ein Geschwätz und durch deine Verschwendungssucht! Du wirst schon sehen, es bringt mich noch einer um! Weil er meint, ich schwimme im Geld!

CLÉANTHE Verschwendungssucht? Was verstehst du denn darunter?

16

HARPAGON Wie du da herumläufst, aufgeputzt, das verstehe ich darunter! Ein Skandal! Gestern erst habe ich deine Schwester zur Rede stellen müssen, aber du treibst es ja noch schlimmer! Das schreit zum Himmel! Von dem Geld, das du für deinen Firlefanz brauchst, ernähren andere eine ganze Familie! Ich habe dir schon zwanzigmal gesagt, mein Sohn, das mißfällt mir! Läufst herum wie ein Marquis – wieso kannst du das denn überhaupt? Wahrscheinlich bestiehlst du mich!

CLÉANTHE Ich dich bestehlen? Wie denn?

HARPAGON Was weiß ich! Wo hast du denn sonst das ganze Geld her!

CLÉANTHE Ich spiele. Bisher habe ich Glück gehabt. Und den Gewinn investiere ich in meine Garderobe.

HARPAGON Wahnsinn! Wenn du Glück im Spiel hast, mußt du davon profitieren! Anlegen, das Geld! Zu anständigen Zinsen! Auf lange Sicht muß man planen! Aber die Bänder da? Was soll denn das? Ein Bindfaden hält die Hose doch auch zusammen! Und natürlich muß der Herr Sohn Unsummen für Perücken ausgeben! Dabei wachsen ihm die Haare kostenlos auf dem Kopf! Deine Perücke und die Bänder allein, da trägst du mindestens 20 Pistolen auf dir herum. 20 Pistolen bringen im Jahr 18 Pfund, 6 Sous und 8 Deniers, bei einem Zinsfuß von nur 12 Prozent –, he? *für sich:* Sie wollen meine Kassette! *laut:* Was ist?

ELISE Er meint, ich soll anfangen. Wir wollen dir beide etwas mitteilen, Vater.

HARPAGON So? Ich habe euch auch etwas mitzuteilen.

CLÉANTHE Vater – es dreht sich ums Heiraten.

HARPAGON Ja, darum dreht sich's. Ums Heiraten.

ELISE *erschrocken:* Ah, Vater!

HARPAGON Was ist denn los?

CLÉANTHE Wir wissen ja nicht, ob du unsere Wahl akzeptierst.

HARPAGON Langsam, langsam. Keine Aufregung. Ich weiß

schon, was ihr braucht. Ihr sollt keinen Grund haben, euch zu beschweren. Du nicht – und du auch nicht. Reden wir nicht lange herum: *Zu Cléanthe:* Sag mal, kennst du ein junges Mädchen, Mariane heißt sie, sie wohnt hier in der Nähe?

CLÉANTHE Ja, Vater!

HARPAGON *zu Elise:* Und du?

ELISE Dem Namen nach.

HARPAGON Wie gefällt sie dir, mein Sohn?

CLÉANTHE Bezaubernd!

HARPAGON Ihr Aussehen?

CLÉANTHE Hinreißend!

HARPAGON Und wie sie auftritt?

CLÉANTHE Das hat Stil!

HARPAGON Du meinst also auch, man könnte sich mit ihr sehen lassen?

CLÉANTHE Ja! Natürlich, Vater.

HARPAGON Daß sie in Frage käme...

CLÉANTHE Sehr! Sehr!

HARPAGON Daß sie eine gute Ehefrau wäre?

CLÉANTHE Eine sehr gute!

HARPAGON Daß ein Mann mit ihr zufrieden sein könnte?

CLÉANTHE *Sehr* zufrieden!

HARPAGON Die Sache hat nur einen kleinen Haken: Viel Geld bringt sie nicht mit.

CLÉANTHE Ach, Vater! Geld! Bei so einem Mädchen!

HARPAGON Langsam, langsam. Ich wollte nur sagen: wenn sie es nicht mitbringt, muß sie eben in der Ehe einsparen.

CLÉANTHE Kann sie!

HARPAGON Freut mich, daß wir uns einig sind. Ihre Bescheidenheit hat mir sehr gefallen. Wenn sie nur ein bißchen was mitbekommt, heirate ich sie.

CLÉANTHE Wen?

HARPAGON Was?

CLÉANTHE Du –

HARPAGON Ich, Mariane, ja.

18

CLÉANTHE Wer?

HARPAGON Ja, ich, ich, ich!

CLÉANTHE Mir wird schlecht. *Er steht auf*

HARPAGON Geh in die Küche! Trink ein Glas Wasser! *Cléanthe ab* Ja, mein Kind, das wär's, das habe ich also beschlossen. Für deinen Bruder habe ich eine Witwe vorgesehen, die ist mir heute morgen empfohlen worden. Und du kriegst den Monsieur Anselme.

ELISE Monsieur Anselme?

HARPAGON Ein sehr gescheiter Mann in reiferen Jahren, Mitte fünfzig, steinreich. Bewundernswert.

ELISE Sei mir nicht böse, lieber Vater, aber ich will noch nicht heiraten.

HARPAGON *äfft sie nach:* Sei mir nicht böse, liebe Tochter, aber ich will, daß du heiratest.

ELISE Ich bitte um Verzeihung, lieber Vater...

HARPAGON *nachäffend:* Ich bitte um Verzeihung, liebe Tochter...

ELISE Ich habe nichts gegen Monsieur Anselme, aber wenn du gestattest, heiraten werde ich ihn nicht.

HARPAGON Ich habe nichts gegen dich, aber wenn du gestattest, du wirst ihn heiraten. Und zwar heute abend.

ELISE Heute abend?

HARPAGON Heute abend.

ELISE Daraus wird nichts, Vater.

HARPAGON Daraus wird was, liebe Tochter.

ELISE Nein!

HARPAGON Doch!

Elise läuft weg, Harpagon hinterher. Sie laufen durch das ganze Haus

ELISE Nein, sag ich dir!

HARPAGON Doch, sag ich dir!

ELISE Das laß ich mir nicht gefallen!

HARPAGON Das wirst du dir gefallen lassen!

ELISE Eher bringe ich mich um!

HARPAGON Das wirst du nicht tun! Du wirst ihn heiraten!

Umbringen! So eine Frechheit! Ich bin schließlich dein Vater!

ELISE Ich bin schließlich deine Tochter!

HARPAGON Das ist eine gute Partie! Daran ist nichts auszusetzen! Das wird jeder sagen!

ELISE Es schreit zum Himmel! *Das* wird jeder sagen! *Sie kommen an die Treppe, wo Valère steht*

HARPAGON Moment! Da ist Valère! Ein gescheiter Mann. Er soll urteilen.

ELISE Ja, gut, das soll er.

HARPAGON Und das akzeptierst du dann!

ELISE Ich tu alles, was er sagt.

HARPAGON Also gut, komm her, Valère. Du sollst uns sagen, wer von uns beiden recht hat, meine Tochter oder ich.

VALÈRE *Sie* natürlich!

HARPAGON Ach, du weißt schon, worum es geht?

VALÈRE Nein, aber Sie können doch gar nicht unrecht haben! Sie sind doch die Gerechtigkeit in Person!

HARPAGON Sie soll heute abend heiraten, der Mann ist lebenserfahren und wohlhabend und da sagt die dumme Gans: sie will nicht! Sie denkt gar nicht daran! Wie findest du das?

VALÈRE Wie ich das finde?

HARPAGON Ja.

VALÈRE Ja, also...

HARPAGON Was?

VALÈRE Ja, also, wie ich schon sagte... Sie haben natürlich recht. Ich bin vollkommen Ihrer Meinung. Aber andererseits, von ihr aus gesehen...

HARPAGON Was denn! Was denn! Monsieur Anselme ist ein Ehrenmann – die Familie ist adlig – ruhig, sehr gebildet, sehr wohlhabend. Und außerdem hat er aus erster Ehe keine Kinder mehr. Die sind tot. Was will man mehr?

VALÈRE Ausgezeichnet! Aber sie könnte natürlich sagen: man sollte nichts überstürzen. Man könnte ja noch ein bißchen warten, bis auch eine gewisse Zuneigung…

HARPAGON Nein! So eine Gelegenheit gibt's nicht alle Tage! Da muß man zugreifen! Nämlich, er nimmt sie ohne Mitgift!

VALÈRE Ohne Mitgift?

HARPAGON Eben!

VALÈRE Dann sage ich nichts mehr. Das ist überzeugend. Da muß ich klein beigeben.

HARPAGON Was ich dadurch spare!

VALÈRE Eben! Dagegen ist überhaupt nichts zu sagen. Ihre Tochter könnte höchstens noch mit dem Einwand kommen, heiraten sei eine ernsthafte Sache. Es gehe ja dabei um Glück oder Unglück für ein ganzes Leben. Das könnte sie sagen. Bis daß der Tod euch scheidet, – das will überlegt sein.

HARPAGON Ohne Mitgift!

VALÈRE Sehr richtig. Darum geht es! Das ist das Entscheidende! Allerdings gibt es auch Leute, die sagen, man muß in solchen Fällen die Gefühle des Mädchens berücksichtigen. Der große Altersunterschied, ihr Temperament und sein Temperament, das könnte später kritisch werden.

HARPAGON Ohne Mitgift!

VALÈRE Natürlich ja! Darum geht es, das sehe ich ein. Aber es gibt andererseits auch Väter, die gar nicht so sehr an das Geld denken, sondern mehr an das Glück ihrer Töchter. Die gibt es auch! Die sagen: wenn sich das junge Paar nur recht gut versteht! Wenn sie nur recht harmonisch miteinander leben können, auf die Dauer, wenn…

HARPAGON Ohne Mitgift!

VALÈRE Richtig. Ja! Das ist der springende Punkt! Was kann man da noch sagen? Gar nichts!

HARPAGON Der Hund bellt! Die Kassette! *Er läuft hinaus in den Garten*

ELISE Bist du wahnsinnig, Valère? Du gibst ihm einfach recht?

VALÈRE Was denn sonst? Wenn ich ihm widerspreche, glaubt er mir doch den Diener nicht mehr! Und Widerspruch ist doch so und so sinnlos. Zu allem ja und amen sagen, das ist das beste.

ELISE Und die Heirat heute abend?

VALÈRE Die findet nicht statt. Da fällt mir schon noch was ein.

ELISE Bis heute abend?

VALÈRE Wir müssen sie hinausschieben. Stell dich doch einfach krank.

ELISE Dann holt er einen Arzt, dann kommt alles gleich heraus.

VALÈRE Unsinn! Denen kann man doch was vormachen! Die fallen doch auf alles rein.

HARPAGON *kommt zurück:* Gott sei Dank!

VALÈRE *ohne Harpagon zu bemerken:* Im Notfall bleibt uns immer noch die Flucht. Wenn nur deine Liebe groß genug ist, Elise... *Er bemerkt Harpagon:* ...dann tust du, was dein Vater sagt. Was das für ein Mann ist, den du da heiratest, wie der aussieht, das geht dich gar nichts an. Und wenn er dich auch noch ohne Mitgift nimmt...

HARPAGON Bravo!

VALÈRE O Verzeihung, Monsieur Harpagon! Ich habe mir erlaubt, energisch mit Ihrer Tochter zu reden.

HARPAGON Aber was denn! Das ist mir doch sehr recht! So muß man doch mit diesen jungen Dingern reden! Sie steht ab jetzt ganz unter deiner Aufsicht! *zu Elise:* Keine Fisematenten! Monsieur Valère hier hat von mir alle Vollmacht und ich verlange, daß du alles tust, was er dir sagt!

VALÈRE *zu Elise:* Haben Sie gehört? Jetzt keine Argumente mehr! Gehen Sie! Auf Ihr Zimmer! *Elise ab* Ich glaube, ich muß ihr noch ein bißchen ins Gewissen reden!

HARPAGON Tu das, tu das!

VALÈRE Man muß sie einfach fest anpacken!

HARPAGON Ja, fest!

VALÈRE Keine Sorge, das schaff ich schon! *Ab, Elise nach, die Treppe hinauf, in Elises Zimmer. Die Tür bleibt offen. Während Valère Elise umarmt, ruft er zu Harpagon hinunter:* Ja, Mademoiselle Elise, Geld ist das Höchste in der Welt! Seien Sie dem Himmel dankbar, daß er Ihnen einen solchen Vater geschenkt hat! Er kennt das Leben! Und wenn einer kommt und ist bereit, ein Mädchen ohne Mitgift zu nehmen, dann heißt es eben: zugreifen! Ohne Mitgift! Zugreifen! Ohne Mitgift! Das ist das Zauberwort! Das ersetzt alles, gutes Aussehen, Jugend, Anständigkeit, Charme, Intelligenz!

HARPAGON *unten, horcht zufrieden:* Ein zuverlässiger Mensch! Solche Leute braucht man im Haus!

5.

Toreinfahrt. Cléanthe, La Flèche.

CLÉANTHE Wo warst du denn die ganze Zeit? Ich habe dir doch ausdrücklich gesagt…

LA FLÈCHE Hab ja auch gewartet. Aber dein Vater hat mich rausgeschmissen.

CLÉANTHE Und was ist mit dem Geld? Es ist jetzt höchste Zeit. Jetzt hat sich herausgestellt, mein Vater ist selbst hinter dem Mädchen her.

LA FLÈCHE Was? Der Alte?

CLÉANTHE Ich bin auch fassungslos.

LA FLÈCHE Der Alte? Der will noch mal?

CLÉANTHE Das hat mir gerade noch gefehlt!

LA FLÈCHE Und du hast den Mund gehalten?

CLÉANTHE Sonst wär's doch ganz aus! So kann ich immer noch taktieren, verstehst du? – Und unsere Sache?

LA FLÈCHE Hör auf! Mit Geldgebern verhandeln! Da geh ich noch lieber Holzhacken!

CLÉANTHE Also ich krieg nichts?

LA FLÈCHE Langsam, langsam. Der Makler, dieser Maître

Simon, der macht schon irgendwo was locker. Auf dein sympathisches Gesicht hin, sagt er.

CLÉANTHE Also krieg ich die 15 000?

LA FLÈCHE Unter gewissen Bedingungen.

CLÉANTHE *ungeduldig:* Warum hast du nicht direkt mit dem Geldgeber verhandelt!

LA FLÈCHE *beleidigt über den Ton:* Dann machs doch selber!

CLÉANTHE Bleib da! Komm schon!

LA FLÈCHE Der will seinen guten Namen nicht hergeben für das Geschäft. Du ja auch nicht. Da sind die feinen Herren empfindlich. Aber sehen will er dich trotzdem heute nachmittag. Nicht in seiner Wohnung, auch nicht hier in der Stadt. Er hat extra ein Haus gemietet deswegen. Da will er dich ausquetschen, Vermögen, Familie und so. Aber das geht glatt, du mußt ihm nur sagen, wer dein Vater ist.

CLÉANTHE Und meine Mutter ist ja tot, das Erbteil ist mir sicher.

LA FLÈCHE Lies erst mal die Bedingungen. Maître Simon hat sie persönlich diktiert. »Vorausgesetzt, daß der Darlehensgeber die nötige Sicherheit vorfindet und daß der Darlehensnehmer volljährig ist und aus einer Familie stammt, deren Vermögen solide, gesichert und ganz und gar unbelastet ist, soll eine rechtsgültige und genaue Schuldverschreibung aufgesetzt und von einem Notar beglaubigt werden, der einen einwandfreien Leumund hat. Der Notar wird von dem Darlehensgeber bestimmt, denn ihm liegt am meisten daran, daß das Schriftstück vorschriftsmäßig aufgesetzt ist.«

CLÉANTHE Nichts dagegen zu sagen.

LA FLÈCHE »Der Darlehensgeber möchte sein Gewissen in keiner Weise belasten und begnügt sich deshalb mit einem Zins von 6 Prozent.«

CLÉANTHE 6 Prozent? Das ist verdammt anständig. Da kann man sich nicht beklagen.

LA FLÈCHE Kann man nicht. – »Da aber der Darlehensgeber die gewünschte Summe nicht bar zur Verfügung hat und sich genötigt sieht, sie, um dem Darlehensnehmer gefällig zu sein, von einer dritten Person zu leihen, zu einem Zinsfuß zu 20%, so ist es nur billig, daß der Darlehensnehmer auch diese Zinsen bezahlt, unbeschadet des übrigen, in Anbetracht dessen, daß der Darlehensgeber nur aus reiner Gefälligkeit auf dieses Geschäft eingeht.«

CLÉANTHE Was? Das sind ja 26 Prozent! Das ist ja ein Jude! Das ist ja ein Araber!

LA FLÈCHE Überleg dir's!

CLÉANTHE Was heißt überleg dir's! Ich brauche das Geld!

LA FLÈCHE Das hab ich dem auch gesagt.

CLÉANTHE Ist das jetzt alles?

LA FLÈCHE Nur noch ein kurzer Absatz.

CLÉANTHE 26 Prozent!

LA FLÈCHE »Von den verlangten 15000 Francs kann der Darlehensgeber nur 12000 in bar bezahlen. Für die fehlenden restlichen 3000 muß der Darlehensnehmer Kleidungsstücke, Hausrat und Schmuckgegenstände in Empfang nehmen, die der Darlehensgeber zum niedrigsten Preis veranschlagt.«

CLÉANTHE Was soll das nun wieder?

LA FLÈCHE Hier ist eine Liste. – »Erstens eine breite Bettstelle, bezogen mit olivfarbenem Tuch, das mit ungarischer Spitze abgesetzt ist. Dazu sechs Sessel und eine Steppdecke, bezogen und abgesetzt wie oben. Alles in gutem Zustand und gefüttert mit rotem und blauen Taft, changierend. Ferner ein Betthimmel aus feinem altrosa Serge mit Litzen und Fransen aus Seide.«

CLÉANTHE Was soll ich damit?

LA FLÈCHE Warts ab. – »Ferner: ein Wandteppich mit der Liebesgeschichte von Combaud und Macée. Ferner ein großer Tisch, nußbaum, mit zwölf gedrechselten Beinen oder Säulen, ausziehbar; unten mit sechs Fußschemeln.«

CLÉANTHE Aber was soll ich denn damit?

LA FLÈCHE Warts ab! – »Ferner: drei große Musketen, ganz mit Perlmutt ausgelegt, mit dazugehörigen Gabeln zum Aufsetzen. Dazu: ein Ziegelsteinofen nebst 2 Retorten und 3 Destilliergefäßvorlagen, sehr nützlich, wenn man selbst destilliert.«

CLÉANTHE Ich werde wahnsinnig!

LA FLÈCHE Warts ab! – »Ferner eine Bologneser Laute, mit allen dazugehörigen Saiten, oder doch fast allen. Ferner: ein Lochbillardspiel und ein Dame-Brett, dazu ein Gänsespiel nach der Art der alten Griechen, sehr geeignet, sich die Zeit zu vertreiben, wenn man nichts Besseres zu tun hat. Ferner: ein Alligator, dreieinhalb Fuß lang, mit Heu ausgestopft, eine hübsche Kuriosität, unter der Zimmerdecke aufzuhängen. Alle diese Gegenstände mit einem Gesamtwert von mehr als 4500 Francs werden vom Darlehensgeber entgegenkommenderweise auf 3000 Francs herabgesetzt.«

CLÉANTHE Entgegenkommenderweise! Dieser Betrüger! Dieser verdammte Betrüger! Dieser Wucherer! 26 Prozent! Das reicht dem noch nicht! Da dreht er mir noch sein altes Gerümpel an! Für 3000 Francs! Der Ramsch ist doch keine 100 wert!

LA FLÈCHE Wenn du mich fragst: Laß die Finger davon!

CLÉANTHE Ja, und was mach ich dann? Ich hab ja gar keine Wahl! So weit kommt man durch den eigenen Vater! Durch den verdammten Geiz! Ich wünsch mir bloß, der Alte wär endlich tot!

LA FLÈCHE Da kann man ja nachhelfen. – Aber ich befasse mich nicht mit so was, weißt du. Prinzipiell nicht. Mal ein kleiner Einbruch bei dem, das schon eher! Das wär direkt eine soziale Tat!

CLÉANTHE Zeig noch mal die Liste.

6

Diele im Haus. Maître Simon, Harpagon. La Flèche und
Cléanthe kommen später dazu.

MAITRE SIMON Ja, Monsieur Harpagon, ein junger Mann,
der Geld braucht, und zwar dringend, das heißt also, er
wird auf jede Bedingung eingehen.

HARPAGON Aber sind Sie sicher, Maître Simon, daß das
ohne Risiko ist? Kennen Sie den jungen Mann? Haben
Sie Auskunft eingeholt über die Familie? Wie sind die
Vermögensverhältnisse?

MAITRE SIMON Darüber weiß ich noch nichts Genaues. Ich
bin mehr durch Zufall an ihn geraten. Aber das wird er
Ihnen alles persönlich sagen. Sein Mittelsmann hat mir
garantiert, Sie werden zufrieden sein. Lernen Sie ihn nur
erst kennen! Ich weiß nur, daß er aus einer reichen Familie stammt, seine Mutter lebt nicht mehr und auf Wunsch
gibt er es schriftlich, daß auch sein Vater in den nächsten
acht Monaten stirbt.

HARPAGON Das hört sich ganz gut an. Die christliche Nächstenliebe, Maître Simon, verpflichtet uns, unseren Mit-
menschen zu helfen, wo wir nur können.

MAITRE SIMON So ist es.

LA FLÈCHE *erkennt Maître Simon, leise zu Cléanthe:* Da ist
ja der Maître Simon! Mit deinem Vater!

CLÉANTHE *leise zu La Flèche:* Weiß der denn, wer ich bin?
Wenn du mich verraten hast...!

MAITRE SIMON *zu La Flèche:* Was machen Sie denn hier? *Zu
Harpagon:* Von mir hat er die Adresse nicht. Aber es
macht ja auch nichts. Die jungen Leute halten schon den
Mund. Sie können hier mit ihnen verhandeln.

HARPAGON Was?

MAITRE SIMON *deutet auf Cléanthe:* Das ist der sympathi-
sche junge Mann, der sich von Ihnen die 15 000 leihen
will.

HARPAGON Was? Du Mißgeburt! Auf so was läßt du dich ein?

CLÉANTHE Was? Vater? Solche Geschäfte machst du?
Maître Simon läuft weg, La Flèche versteckt sich
HARPAGON So ruinierst du dich also!
CLÉANTHE So bereicherst du dich also!
HARPAGON Daß du überhaupt die Stirn hast, noch da zu stehn!
CLÉANTHE Daß du überhaupt den Mut hast, dich noch öffentlich zu zeigen!
HARPAGON Schämst du dich denn nicht? Schämst du dich nicht, so ein Leben zu führen? Schämst du dich nicht, das Geld so zum Fenster hinauszuwerfen? Das Geld, das dein Vater im Schweiße seines Angesichts verdient hat?
CLÉANTHE Und du, schämst du dich nicht? 26 Prozent!
HARPAGON Raus! Mach, daß du rauskommst!
CLÉANTHE Sag mir mal, wer ist denn der größere Lump: wer Geld leiht, weil er's braucht, oder wer es anderen stiehlt, obwohl er's nicht braucht?
HARPAGON Mach daß du rauskommst! Sonst vergesse ich mich! *Der Hund bellt* Der Hund bellt!
Harpagon läuft hinaus in den Garten
LA FLÈCHE Kassette!

7.

Haustür. La Flèche. Frosine kommt.
FROSINE Was? Da ist ja der kleine La Flèche! Was machst du denn hier?
LA FLÈCHE Die dicke Frosine! Was machst denn du?
FROSINE Dasselbe wie anderswo: Geschäfte vermitteln, den Leuten helfen. Mein Talent verkaufen. – Was denn sonst?
LA FLÈCHE Und mit dem Alten hast du jetzt auch was vor?
FROSINE Ja, das bringt sogar einen Reingewinn.
LA FLÈCHE Bei dem ist nichts zu holen, sag ich dir gleich.
FROSINE Es gibt gewisse Gefälligkeiten, die man gerne honoriert.

LA FLÈCHE Sprüche kannst du haben von dem, Danke-schön, sehr verbunden, so viel du willst. Aber Geld? Das rückt der nicht raus. Der wird blind, wenn du die Hand aufhältst. Geben hat der noch nie gehört.

FROSINE Keine Sorge, den zieh ich schon aus!

LA FLÈCHE Das möcht ich erleben.

Frosine ins Haus.

8.

Kammer mit Gerümpel. Harpagon, Frosine.

HARPAGON Wie geht's wie steht's, Frosine?

FROSINE Mein Gott! Was ist denn mit Ihnen?

HARPAGON Was denn?

FROSINE Wie Sie aussehen!

HARPAGON Ich?

FROSINE So gesund! So frisch!

HARPAGON Im Ernst?

FROSINE Ja. Ich kenne viele junge Hüpfer, die sind Greise gegen Sie.

HARPAGON Na, na, na, Frosine! Ich bin immerhin fast sech-zig.

FROSINE Sechzig? Unmöglich! – Aber was sind auch schon sechzig Jährchen! Da fängts doch erst an!

HARPAGON Ja, schon. Aber zwanzig weniger wär auch nicht schlecht.

FROSINE Was denn! Ein Mann wie Sie! So jemand wird doch hundert!

HARPAGON Glaubst du?

FROSINE Bleiben Sie mal ganz ruhig! Da! Zwischen den Au-gen! Das bedeutet langes Leben.

HARPAGON Verstehst du was davon?

FROSINE Zeigen Sie mal die Hand! Mein Gott, die Linie!

HARPAGON Was?

FROSINE Wo die hinläuft!

HARPAGON Wohin denn?

FROSINE Hundert hab ich gesagt? Stimmt nicht! Hundert-
zwanzig mindestens.

HARPAGON Nein!

FROSINE Am Schluß muß man Sie noch totschlagen. Sie be-
erdigen Ihre Enkel und Urenkel.

HARPAGON Um so besser. Und jetzt, Frosine, wie sieht es
aus mit uns?

FROSINE Überflüssige Frage. Hab ich schon was in die Finger bekommen, ohne was draus zu machen? Verheiraten
ist meine Spezialität. Ich bring jede Partie zustande, von
mir aus den Großtürken mit der Republik Venedig. Aber
so schwer war's wieder nicht. Ich habe sowieso Kontakt
mit den Damen, ich bin ja ab und zu dort. Da plaudert
man so. Und da hab ich ab und zu auch von Ihnen ... Das
schafft schon eine Basis. Der Mutter hab ich natürlich
ganz speziell ... Sie hätten Mademoiselle am Fenster gesehen, das süße Kind, und dann auch auf der Straße, und
Sie hätten die Absicht, möglicherweise ...

HARPAGON Und sie?

FROSINE Begeistert! Ganz begeistert! Und wie ich ihr gesagt
habe, Sie möchten, daß Ihre Tochter heute abend dabei
ist, bei der Hochzeit von Mademoiselle Elise, hat sie
prompt ja gesagt. Mademoiselle Mariane darf kommen,
– mit mir zusammen natürlich.

HARPAGON Ich muß für Monsieur Anselme ein Abendessen
geben. Dazu lade ich sie dann ein.

FROSINE Sehr gut. Mademoiselle Mariane wollte sowieso
heute nachmittag Ihrer Tochter einen Besuch machen.
Anschließend hat sie noch ein paar Besorgungen in der
Stadt, und zum Abendessen wären wir dann wieder hier.

HARPAGON Sie können ja in meiner Kutsche fahren. Ich
leihe sie den Damen.

FROSINE Großzügiger Mann!

HARPAGON Aber, was ich sagen wollte, Frosine: hast du wegen der Mitgift gesprochen? Mit der Mutter? Hast du ihr
klargemacht, daß sie sich ein bißchen anstrengen muß?

Man heiratet schließlich ein Mädchen nicht nur zum Spaß!

FROSINE Wieso denn? Das Mädchen bringt Ihnen doch 12000 im Jahr.

HARPAGON 12000? Im Jahr?

FROSINE Erstens ist sie mageres Essen gewohnt, Salat, Milch, Käse, Kartoffeln. Sie ißt nicht besonders viel und nichts Raffiniertes, – keine Soufflés, keine Törtchen, nichts Flambiertes, keine Hühnerbrüstchen, kein Fasan, überhaupt keine Delikatessen. Und wie sind andere Frauen? Das macht ganz schön was aus. Das beläuft sich im Jahr auf mindestens 3000 Francs. Dann: von schicken Kleidern, Schmuck und eleganten Möbeln hält sie über- haupt nichts, – auch da sind andere Frauen anders. Das beläuft sich auf mindestens 4000 Francs im Jahr. Dann die prinzipielle Ablehnung des Spiels – Sie wissen doch wie da andere Frauen sind! Ich kenne eine in unserer Ge- gend, die hat letztes Jahr über 20000 Francs verspielt. Aber rechnen wir nur ein Viertel, das spart also 5000 Francs im Jahr. Dazu 4000 an Kleidern und Schmuck, das sind zusammen 9000. Und die 3000 Francs für Kost und Verpflegung, dann kommen wir glatt auf 12000.

HARPAGON Das klingt nicht schlecht. Aber die Rechnung geht nicht auf. Davon hab ich doch gar nichts!

FROSINE Davon haben Sie nichts? Ein solches Kapital an Anspruchslosigkeit!

HARPAGON Ich stelle nicht eine Quittung für etwas aus, das mir nicht geliefert wird. Ich will was in der Hand haben!

FROSINE Das kriegen Sie auch! Und noch einiges dazu: Es war vom Ausland die Rede, wo sie noch eine Erbschaft zu erwarten hat.

HARPAGON Warten wir's ab. Aber, Frosine, noch etwas an- deres. Da beunruhigt mich noch eine Sache: das Mädchen ist jung. Du weißt ja. Und junge Leute wollen doch lieber mit jungen Leuten sein. Ein Mann in meinem Alter ist wahrscheinlich gar nicht so ihr Fall. Das könnte doch in unserer Ehe zu gewissen Unannehmlichkeiten führen. Die schätze ich gar nicht!

FROSINE Sehn Sie, da kennen Sie das Mädchen schlecht! Ich wollte es Ihnen gerade sagen: sie ist, was das betrifft, ganz apart – junge Leute findet sie fad. Sie schwärmt nur für alte!

HARPAGON Was!

FROSINE Wenn ich's Ihnen sage! Sie müßten sie mal selbst darüber reden hören! Junge Männer kann sie gar nicht ausstehen. Sie sagt: Wenn ich einen alten Mann mit einem schönen weißen Bart sehe, bin ich einfach hin! Je älter, um so bezaubernder! Ich warne Sie: machen Sie sich bloß nicht jünger als Sie sind! Unter sechzig ist gar nichts mit ihr zu wollen! Erst vor vier Monaten war sie drauf und dran, zu heiraten – und die Verlobung ging in die Brüche, als sich herausstellte, der Mann war erst 56! Und wollte den Vertrag ohne Brille unterschreiben!

HARPAGON Wegen der Brille ging das schief?

FROSINE Ja – und wegen seiner Jugend.

HARPAGON Das ist ja interessant.

FROSINE Es geht noch weiter. Die Bilder in ihrem Zimmer – was meinen Sie, was da drauf ist? Adonis? Apollo? Paris? Was man so »schöne Männer« nennt? Haben Sie gedacht! Lauter hübsche Portraits vom alten Noah, Sokrates, Methusalem.

HARPAGON Methusalem! Das hätte ich nicht für möglich gehalten! Daß sie so veranlagt ist! Aber sie hat ja eigentlich recht, wenn ich eine Frau wäre, fände ich auch nichts an jungen Männern.

FROSINE Natürlich nicht! Das sind doch lauter taube Nüsse! Einer wie der andere! Darauf fällt doch ein kluger Mensch nicht rein.

HARPAGON Mir unerklärlich, warum die Frauen so hinter denen her sind!

FROSINE Sie wissen ja, die Frauen! Die meisten sind doch vollkommen hirnlos.

HARPAGON Und die Bürschchen mit ihren Puddinggesichtern! Die Härchen auf der Oberlippe! Und mit den albernen Frisuren! Und diese Hosen! Und immer so verschlampt!

FROSINE Verglichen mit Ihnen, Monsieur Harpagon!

HARPAGON Du findest, ich sehe gut aus?

FROSINE Was für eine Frage! Dieser Kopf – direkt malerisch! Drehen Sie sich doch mal um! Fabelhaft! Gehn Sie doch mal ein paar Schritte! Locker, graziös, – beschwingt!

HARPAGON Nur mein Asthma.

FROSINE Macht doch nichts! Das paßt so zu Ihnen! Charmant, wie Sie husten!

HARPAGON Sag mal, hat mich Mariane eigentlich nie gesehn? Bin ich ihr nie aufgefallen? Auf der Straße?

FROSINE Das nicht. Aber wir haben viel von Ihnen gesprochen. Da habe ich natürlich immer wieder erzählt, wie Sie so sind, was für ein feiner Mensch! Und was für ein Glück das wäre für eine Frau! Sie!

HARPAGON Vielen Dank!

FROSINE Jetzt habe ich noch eine kleine Bitte. Ich führe einen Prozeß. Wahrscheinlich verliere ich ihn, und bloß deswegen, weil ich gerade nicht flüssig bin. *Harpagon macht ein strenges Gesicht.* Ein kleiner Betrag würde mir schon helfen. Sie können sich gar nicht vorstellen, wie sie sich freut, Sie kennenzulernen. *Harpagons Gesicht erhellt sich.* Sie werden ihr richtig gefallen! Mit dem zauberhaft altmodischen Kragen! Na, und die Hosen, wie Sie die mit der Schnur da oben festgebunden haben! Einfach entzükkend! Das imponiert ihr!

HARPAGON Schön!

FROSINE Wirklich, Monsieur Harpagon, in diesem Prozeß geht es um meine Existenz! *Harpagons Gesicht verfinstert sich wieder.* Wenn ich ihn verliere, bin ich total ruiniert. Und bloß, weil mir ein kleines Sümmchen fehlt. Sie hätten die Augen sehen sollen! Solche Augen! Wie ich von

33

Ihnen erzählt habe. *Harpagons Gesicht erhellt sich wieder*. Sie kann's gar nicht erwarten.

HARPAGON Danke, danke Frosine! Ich stehe tief in deiner Schuld.

FROSINE So? Ja? Dann – helfen Sie mir doch bitte aus in dieser Sache. *Harpagons Gesicht verfinstert sich wieder*. Damit komme ich wieder auf die Beine und bin Ihnen ein Leben lang dankbar.

HARPAGON Leb wohl, Frosine. Ich habe noch ein paar dringende Briefe zu schreiben.

FROSINE Monsieur Harpagon, ich bin in einer Notlage, verstehen Sie doch.

HARPAGON Ich sorge dafür, die Kutsche wird bereitstehen.

FROSINE Ich möchte Sie ja gar nicht weiter belästigen, wenn Sie nur...

HARPAGON Aber natürlich! Du kommst auch mit zum Abendessen!

FROSINE Haben Sie doch bitte Verständnis...

HARPAGON *ruft:* Ja! Ich komme schon! – Man ruft mich. *Er geht rasch ab*.

FROSINE Wart, du alter Drecksack! Du verdammtes Miststück, du verdammtes! Freß doch dein Geld! Daß du platzt! Freß es doch, von mir aus! Tausend, zweitausend, dreitausend, freß doch! Du Drecksack, du dreckiger!

9.

Küche. Harpagon, Cléanthe, Valère, Claude, Jacques, Brindavoine, La Merluche.

HARPAGON Alle herkommen! Herkommen! Herkommen! Ich will meine Anweisungen geben, damit jeder weiß, was er zu tun hat. *Zu Claude:* Mit dir fange ich gleich an. Aufräumen! Fegen! Staubwischen! Aber reib nicht zu stark

34

an den Möbeln herum, das Holz nutzt sich ab! Achte darauf! Außerdem hast du beim Essen die Aufsicht über die
Getränke. Wenn eine Flasche verschwindet oder kaputt-
geht, ziehe ich sie dir vom Lohn ab.

JACQUES *beiseite:* Gemeinheit!

HARPAGON Du, Brindavoine, und du, La Merluche, ihr
spült die Gläser und schenkt ein. Aber nicht ohne Sinn
und Verstand! Es gibt Lakaien, die schenken einfach immer wieder nach! Und nötigen womöglich noch, wenn der
Gast gar nicht will! Nur dann nachschenken, wenn es ausdrücklich verlangt wird! Laßt euch mehrmals bitten! Und
immer wieder Wasserkaraffen auf den Tisch!

LA MERLUCHE Sollen wir Livrée anziehen?

HARPAGON Wenn die ersten Gäste da sind, vorher nicht!
Aber verdreckt mir die Röcke nicht!

BRINDAVOINE Sie wissen ja, Monsieur, oben auf meinem
Rock ist ein großer Ölfleck, von der Lampe.

LA MERLUCHE Und meine Hose, Monsieur: ich habe da hinten ein ziemliches Loch und man sieht mir, wenn ich so
sagen darf…

HARPAGON *zu la Merluche:* Halt den Mund! Du stellst dich
mit dem Rücken zur Wand. Dann sehn dich die Gäste nur
von vorn. *Er hält den Hut vor seinen Rock:* Und du hältst
deinen Hut so! Und so servierst du auch! – Du, mein
Töchterchen, paß auf, wenn der Tisch abgedeckt wird.
Nichts umkommen lassen! So, und jetzt zieh dich um.
Meine Braut kommt! Und sie will mit dir zusammen auf
den Markt fahren. Hörst du?

ELISE Ja, Vater.

HARPAGON Und du, mein hochgestochener Sohn, ich will
vergessen, was da passiert ist. Aber untersteh dich nicht,
so ein Gesicht zu machen, wenn sie kommt.

CLÉANTHE Ich ein Gesicht? Wieso denn?

HARPAGON Es ist doch bekannt, wie sich die Kinder anstel-
len, wenn der Vater wieder heiratet. Stiefmutter – das ist
so ein Vorurteil. Wenn dir daran liegt, daß ich dir deine

Lumperei verzeihe, dann sei freundlich zu der Dame. Benimm dich anständig. Sei so herzlich wie möglich, wenn sie kommt.

CLÉANTHE Herzlich werde ich schon sein – den Gefallen tu ich dir.

HARPAGON Also! Nimm dich zusammen!

CLÉANTHE Verlaß dich drauf. *Cléanthe ab.*

HARPAGON Weg! – Valère, dich brauch ich noch. Jetzt erst zu dir, Jacques. Komm her.

JACQUES Wen wollen Sie denn, den Kutscher oder den Koch?

HARPAGON Alle beide.

JACQUES Ich meine: wen zuerst?

HARPAGON Den Koch.

JACQUES *zieht seinen Kutscherkittel aus und setzt die Kochmütze auf:* Ja, bitte?

HARPAGON Was soll denn der Blödsinn!

JACQUES Jetzt geht es. Ich meine, jetzt bin ich soweit.

HARPAGON Jacques, ich habe mich verpflichtet, heute abend ein Essen zu geben.

JACQUES *bekreuzigt sich:* Maria und Joseph!

HARPAGON Machst du uns ein gutes Filet?

JACQUES Ja, das kann ich schon machen. Kann ich das Geld dafür haben, bitte?

HARPAGON Geld! Immer hör ich nur Geld! Habt ihr denn alle nichts anderes im Kopf als Geld! Geld und wieder Geld! Jeder zweite Satz fängt mit Geld an! Geld! Immer redet ihr von Geld! Geld und noch einmal Geld! Immer dasselbe!

VALÈRE Unverschämtheit! Ist das vielleicht ein Kunststück, mit Geld zu kochen? Das kann jeder! Ein erfahrener Koch weiß, worauf es ankommt: exquisit und billig!

JACQUES Aha! Exquisit und billig!

VALÈRE Kapiert?

JACQUES *zu Valère:* Bitte, Monsieur Valère, wollen Sie nicht mal in die Küche kommen und mir zeigen, wie man das macht? Vielleicht können Sie mir mal was vorkochen?

HARPAGON Halt den Mund! Also was brauchen wir?

JACQUES Brauchen tun wir nichts. Der Monsieur Valère macht es. Exquisit und billig!

HARPAGON Laß die Witze! Antworte!

JACQUES Wieviel Personen kommen überhaupt?

HARPAGON Zehn. Aber richte dich auf acht ein. Wenn man für acht kocht, werden auch zehn satt.

VALÈRE Mühelos.

JACQUES Na gut. Eine Vorspeise müssen wir haben, Suppe, vier Hauptgerichte, Salate...

HARPAGON Ich will doch nicht die ganze Stadt füttern!

JACQUES Verschiedene Braten...

HARPAGON *hält ihm den Mund zu:* Du Freßsack! Du verfrißt mein Vermögen!

JACQUES Fisch...

HARPAGON Sonst noch was?

VALÈRE Hat Monsieur die Gäste eingeladen, um sie totzufüttern? Nichts ist schädlicher für die Gesundheit! Das sagt dir jeder Apotheker!

HARPAGON So ist es! Ja, so ist es! So ist es!

VALÈRE Ein wahrer Freund seiner Gäste sorgt für größte Einfachheit bei Tisch. Wie ein bekannter Philosoph sagt: Wir essen um zu leben, aber wir leben nicht, um zu essen.

HARPAGON Ein großes Wort! Einer der besten Sätze, die ich jemals in meinem Leben gehört habe! Leben um zu essen und nicht essen um zu le... nein! Das stimmt nicht. Wie heißt es?

VALÈRE Wir essen, um zu leben, aber wir leben nicht, um zu essen.

HARPAGON Ein tiefer Gedanke! *Zu Jacques:* Hörst du's? *Zu Valère:* Von wem ist das?

VALÈRE Ich komme gerade nicht auf den Namen.

HARPAGON Valère, schreib mir den Satz auf! Vergiß es

nicht. Der wird eingraviert über dem Kamin im Eßzimmer. In Goldschrift!

VALÈRE Ja, in Goldschrift. Und heute abend – das werde ich schon organisieren, keine Sorge!

HARPAGON Ja, mach du das!

JACQUES Also, dann lehne ich jede Verantwortung ab.

HARPAGON *zu Valère:* Es müssen Sachen sein, die satt machen, dicke Bohnen, Pasteten mit Kastanien! Das stopft!

VALÈRE Sie können sich auf mich verlassen.

HARPAGON Und jetzt, Jacques, richte die Kutsche her!

JACQUES Moment! Sie brauchen den Kutscher! *Er zieht seinen Kutscherrock an:* So, da bin ich. Sie haben gesagt…

HARPAGON Die Kutsche herrichten und die Pferde anspannen. Du mußt gleich auf den Markt fahren.

JACQUES Auf den Markt fahren – leicht gesagt! Mit den Pferden! Die kommen ja gar nicht hoch von der Spreu – was heißt Spreu! Auf der nackten Erde liegen sie, bloß noch Haut und Knochen, die armen Gäule.

HARPAGON Ach was Haut und Knochen! Sie werden ja kaum gebraucht!

JACQUES Aber Futter müssen sie doch kriegen! Bei meinen Pferden, da bin ich Mensch. Ich kann das gar nicht mit ansehen. Ich spar mir das Futter ja schon vom Mund ab, für die Pferde!

HARPAGON Zum Markt und wieder zurück, das werden sie schon schaffen.

JACQUES In der Verfassung wie sie sind – unmöglich! Höchstens mit der Peitsche – aber eher hack ich mir die Hand ab. Schlagen tu ich die nicht. Auch noch Ihre Kutsche sollen sie ziehen, wo sie selber kaum stehen können!

VALÈRE Monsieur, ich schlage vor, wir bitten Monsieur Picard von nebenan zu kutschieren.

JACQUES Ja, lassen Sie den fahren! Dann hab *ich* sie wenigstens nicht umgebracht.

VALÈRE Jacques mimt den Empfindlichen.

JACQUES Und der Monsieur Valère bläst sich auf.

HARPAGON Ruhe!

JACQUES Nein, Monsieur, mit Arschkriechern hab ichs nun
mal nicht. Ich seh doch, was los ist. Da läuft er herum und
zählt mir nach, wieviel Brot ich verbraucht habe, wieviel
Wein, wieviel Salz! Wieviel Holz! Wieviel Kerzen! Das
zählt er einem alles nach! Und hintenherum, wissen Sie…
ich will ja nichts sagen! Nein, aber das kann einen schon
verbittern, Monsieur. Wie der über Sie herzieht! Nein, da
tun Sie mir direkt leid. Ich kenne Sie ja, wie Sie sind,
Monsieur, – aber so zu reden? Da hörts bei mir auf! Ich
bin ja eine Seele von Mensch. Und nach meinen Pferden
kommen gleich Sie.

HARPAGON So, man spricht über mich? Was denn?

JACQUES Wenn ich das sage, Monsieur, dann kriegen Sie die
Wut. Das ist sicher.

HARPAGON Gar nicht.

JACQUES Direkt tobsüchtig werden Sie dann, Monsieur, das
weiß ich, wenn ich das sage.

HARPAGON Im Gegenteil. Ich bin dir dankbar, Jacques. Ich
will wissen, was die Leute über mich reden! Sag es mir!

JACQUES Wenn Sie's unbedingt hören wollen, Monsieur, –
es werden überall Witze gemacht über Sie. Überall kriegen wir sie zu hören. Zum Beispiel, um ein Beispiel zu
nennen, haben sie erzählt: Sie lassen extra einen Kalen-
der drucken, darin sind die Fastentage doppelt, wegen
dem Fleisch. Und dann, daß Sie um Weihnachten herum
immer Streit anfangen und ihr Personal rausschmeißen,
so sparen Sie die Geschenke. Und dann, sagen sie, haben
Sie einen Prozeß geführt gegen die Nachbarskatze, weil
sie Ihnen einen Hammelknochen abgefieselt hat. Und
dann hab ich gehört, Sie hätten ihren eigenen Pferden das
Futter weggeholt aus der Krippe, das hat mir einer erzählt, der es gesehn hat. Und mein Vorgänger, der Kutscher, hat Sie dafür im Dunkeln verprügelt, hab ich gehört. Ganz schön mit dem Stock! Aber Sie haben am
andern Tag gar nichts davon gesagt. Kein Wort! Man

kann nirgends hingehen, überall reden die Leute von Ihnen. In der ganzen Stadt! Ohne Übertreibung! Und immer heißt es: Der alte Filz! Der Geizhals! Der Jud! Der
Leuteschinder!

HARPAGON *schlägt ihn:* Ein Lump bist du! Ein gottver-
dammter Lump! Ein dummes Stück Vieh!

JACQUES Ich hab's ja gesagt, Sie hören's nicht gern!

HARPAGON So spricht man nicht mit mir! Verstanden! – Der
Hund bellt! *Er läuft weg.*

VALÈRE *lacht:* Siehst du! Das hast du davon!

JACQUES Sie hergelaufener Spitzel! Sie Wichtigtuer! Küm-
mern Sie sich doch um Ihren eigenen Dreck! Aber lachen
Sie nicht so dumm! Lachen Sie doch, wenn Sie selber
Prügel kriegen! Dann haben Sie was zu lachen!

VALÈRE Aber lieber Jacques, nun werden Sie doch nicht
gleich böse!

JACQUES *für sich:* Aha, jetzt zieht er den Schwanz ein! Den
krieg ich jetzt! *Laut:* Mir ist nicht zum lachen, Sie! Wenn
Sie jetzt noch einmal lachen, dann geb ich Ihnen Lachen!
Bedroht ihn.

VALÈRE Langsam, langsam!

JACQUES Was heißt langsam, langsam! Erst frech werden
und dann langsam langsam!

VALÈRE Seien Sie doch nicht gleich so böse.

JACQUES Sie sind ein eingebildeter –

VALÈRE Lieber Jacques –

JACQUES Jacques! Lieber Jacques! Auf einmal! Meine Peitsche! Wo ist meine Peitsche!

VALÈRE Was? Schlagen willst du mich? *Geht auf ihn los.*
Versuch's mal!

JACQUES *kleinlaut:* So hab ich's ja nicht gemeint!

VALÈRE Mit dir werd ich noch fertig!

JACQUES Ist schon recht.

VALÈRE Du Kartoffelschäler! Du Stallausmister!

JACQUES Ja, ja.

VALÈRE Du kennst mich noch nicht!

JACQUES Nein, nein.

VALÈRE *Du* willst mich verprügeln?

JACQUES Ich hab ja bloß einen Spaß gemacht!

VALÈRE So! Spaß gemacht! *Schlägt ihn:* Das ist auch nur ein
Spaß! Und noch einer!

10.

In der Kutsche. Mariane, Frosine.

MARIANE Frosine, ich fühl mich so komisch. Mir ist gar nicht
gut.

FROSINE Aber was ist denn?

MARIANE Wie können Sie nur fragen! Ich glaube, so ist einem Menschen zumute, wenn er zur Hinrichtung geht.

FROSINE Ich seh es Ihnen an, Sie sind immer noch bei dem
kleinen Blonden.

MARIANE Ach ja, liebe Frosine. Wie er so hereinkam, so ein
richtig anständiger junger Mann, und sein ganzes Auftreten, – das hat mich sehr beeindruckt.

FROSINE Und keine Ahnung, wer das sein könnte?

MARIANE Nein, leider; er hat nur einen unauslöschlichen
Eindruck auf mich gemacht. Und wenn ich jetzt an Monsieur Harpagon denke, fürchte ich mich direkt.

FROSINE Gott, ja, der jüngste ist er nicht. Ich weiß nicht, ob
Sie bei dem auf Ihre Kosten kommen. Aber dafür ist er
gut situiert. So ein bißchen Ekel vor einem Mann, das
kann man doch runterschlucken. Alles Gewohnheit.
Wenn er tot ist, bist du eine reiche Witwe, dann kannst
du dir jeden nehmen, den du willst. Dann hat sich's doch
gelohnt.

MARIANE Mein Gott, ist das nicht schrecklich, wenn man einem andern den Tod wünschen muß, um glücklich zu
sein? Meinen Sie, er stirbt wirklich? Im Leben geht es
aber doch nicht alles nach Wunsch.

FROSINE Wunsch? Das ist Bedingung! Das setzen wir in den

41

Vertrag! Daß er dich demnächst zur Witwe machen muß! Das wär doch eine Frechheit, wenn er im nächsten Jahr noch herumläuft!

11.

Eßzimmer. Ein bescheidener Festtisch ist vorbereitet. Harpagon, Frosine, Mariane.

HARPAGON Bitte verzeihn Sie, meine Schöne, daß ich meine Brille aufbehalte. Ihre wundervolle Erscheinung würde natürlich auch so ins Auge springen. Man hat keine Brille nötig, um von Ihnen entzückt zu sein! Aber schließlich nimmt man auch Vergrößerungsgläser, um in die Sterne zu sehen. Und ich schwöre Ihnen, Sie sind für mich ein Stern, der schönste Stern am Firmament! – Frosine, sie sagt ja gar nichts! Gefalle ich ihr nicht?

FROSINE Sie ist eingeschüchtert. So ein junges Mädchen geniert sich doch!

HARPAGON Das wird's wohl sein. – Hier Mademoiselle, kommt meine Tochter, um Sie zu begrüßen. *Elise kommt.*

MARIANE Entschuldigen Sie, Mademoiselle, ich wollte Ihnen schon längst einen Besuch machen.

ELISE Ach bitte, eigentlich hätte *ich* ja zu Ihnen kommen sollen!

HARPAGON Sie ist schon groß, was? Unkraut wächst eben schnell!

MARIANE *zu Frosine:* Der ist ja gräßlich!

HARPAGON Was sagt das schöne Kind?

FROSINE Sie findet Sie wundervoll.

HARPAGON Zu liebenswürdig, meine Verehrteste!

MARIANE *beiseite:* Ein Scheusal!

HARPAGON Ich bin Ihnen sehr verbunden.

MARIANE Ich halte das nicht aus!

HARPAGON Da kommt auch mein Sohn, er will Ihnen Guten Tag sagen.

MARIANE *leise zu Frosine:* Frosine! Das ist er!

FROSINE *zu Mariane:* Das kann ja heiter werden! *Cléanthe kommt.*

HARPAGON Sie wundern sich, daß ich schon so erwachsene Kinder habe? Keine Sorge, – ich bin sie alle beide bald los.

CLÉANTHE *zu Mariane:* Offen gestanden, Mademoiselle, auf diese Begegnung war ich nicht gefaßt.

MARIANE Mir geht es genauso. So ein unverhofftes Zusammentreffen! Ich bin völlig überrascht.

CLÉANTHE Eine bessere Wahl hätte mein Vater nicht treffen können. Ich freue mich, Sie hier im Haus zu sehn. Aber daß Sie meine Stiefmutter werden sollen, freut mich nicht besonders. Lieber beiße ich mir die Zunge ab, als Sie Stiefmutter zu nennen. Das mag einigen Anwesenden vielleicht nicht passen – aber ich hoffe, Sie verstehen es so, wie es gemeint ist. Ich bin einfach gegen diese Heirat, und ich sage Ihnen – du erlaubst, Vater? – diese Heirat kommt nie zustande, wenn es nach mir geht!

HARPAGON Eine bodenlose Frechheit! Kennen die sich, Frosine?

MARIANE Darauf antworte ich Ihnen: Wenn es Ihnen nicht recht ist, daß ich Ihre Stiefmutter bin, dann möchte ich auch nicht haben, daß Sie mein Stiefsohn werden. Das will ich Ihnen nicht antun. Es wäre mir schrecklich, Ihnen einen Kummer zu bereiten. Wenn man mich nicht zwingt, werde ich auf keinen Fall in diese Heirat einwilligen. Wie könnte ich das! Wenn es Sie so verletzt!

HARPAGON Sehr gut! Sie hat es ihm richtig gegeben! Mein schönes Kind, verzeihen Sie vielmals, daß sich mein Sohn so unverschämt benimmt. Junge Leute soll man nicht so ernst nehmen. Sie reden dummes Zeug, ohne Sinn und Verstand.

MARIANE Aber nein, ich bin gar nicht beleidigt. Im Gegenteil! Ich habe mich gefreut, daß er so offen mit mir spricht! Das ist es ja gerade, was einen Menschen sympathisch macht!

HARPAGON Mademoiselle, Sie sind die Güte selbst. Lassen Sie ihm Zeit, er kommt schon noch zu Verstand.

CLÉANTHE Da irrst du dich, Vater! Ich ändere meine Meinung bestimmt nicht! Das ist ganz ausgeschlossen! Und ich bitte die Dame herzlich, mir das zu glauben!

HARPAGON Jetzt schnappt er über!

CLÉANTHE Ich sage nur, was ich denke!

HARPAGON Schluß! Sprich jetzt in einem andern Ton, bitte!

CLÉANTHE Gut, wenn du unbedingt willst, kann ich auch anders. Mademoiselle, ich versetze mich an die Stelle meines Vaters. Ich schwöre Ihnen, noch nie in meinem Leben habe ich etwas so Bezauberndes gesehen wie Sie. Ihnen zu gefallen, würde mich zum glücklichsten Menschen machen. Wenn ich Sie besitze, tausche ich nicht mit dem König von Frankreich. Und ich werde alles tun, um Sie zu besitzen, ohne Rücksicht auf...

HARPAGON Jetzt reicht's aber!

CLÉANTHE Das sage ich doch alles für dich, Vater, in deinem Namen!

HARPAGON Ich kann selbst meinen Mund aufmachen. Dazu brauch ich dich nicht. Los jetzt, bring uns Stühle.

FROSINE Ach nein, kommen Sie nur! Je früher wir auf dem Markt sind, um so früher sind wir zurück. Dann haben wir Zeit und machen es uns gemütlich.

HARPAGON *zu Brindavoine:* Anspannen! Anspannen! *Zu Mariane:* Verzeihen Sie, jetzt müssen Sie schon wieder gehen und ich habe Ihnen noch nicht einmal etwas anbieten können.

CLÉANTHE Ich habe das schon besorgt, Vater. Hier – hier sind kandierte Orangen, Zitronen und Marzipan. Die Rechnung liegt bei.

HARPAGON *zu Valère:* Valère!

VALÈRE *zu Harpagon:* Er ist verrückt geworden.

CLÉANTHE Ist es zu wenig, Vater? Findest du? Mademoiselle Mariane wird gütigst verzeihen.

MARIANE Bitte, nein, das war wirklich nicht nötig.

44

CLÉANTHE Haben Sie schon einmal einen Diamanten gesehen, wie mein Vater ihn am Finger trägt?

MARIANE Oh nein, noch nie! Wie der funkelt! Der ist aber
schön!

CLÉANTHE Sehn Sie sich den ruhig mal genau an!
Er zieht Harpagon den Ring ab und gibt ihn Mariane.

MARIANE Das ist sicher ein sehr wertvolles Stück.

CLÉANTHE *hindert Mariane, den Ring zurückzugeben:* Aber
nicht doch! Er ist für Ihre schöne Hand bestimmt. Mein
Vater erlaubt sich, Ihnen den Ring zu verehren.

HARPAGON Harrgarr!

CLÉANTHE Nicht wahr, Vater? Du willst doch, daß Mariane
den Ring behält! Dir zuliebe!

HARPAGON Hinging!

CLÉANTHE Also machen Sie ihm die Freude!

MARIANE Nein, wirklich, das kann ich nicht annehmen.

CLÉANTHE Aber zieren Sie sich doch nicht! Er nimmt ihn
doch nicht wieder! Er denkt nicht daran!

HARPAGON Du verdammter... wenn dich doch...

MARIANE Ein so großes Geschenk! Das ist doch viel zu viel.

CLÉANTHE *hindert sie immer wieder, den Ring zurückzugeben:* Wenn ich es Ihnen doch sage! Sie würden ihn tödlich
beleidigen.

MARIANE Bitte, nein!

CLÉANTHE *hindert sie:* Auf keinen Fall!

HARPAGON *leise:* Du impertinenter...

CLÉANTHE Sie sehn, er wird schon ganz ärgerlich, bloß weil
Sie sich weigern.

HARPAGON *leise zu Cléanthe:* Du hinterlistiger...

CLÉANTHE *zu Mariane:* Jetzt ist er schon ganz in Rage!

HARPAGON *außer sich:* Du Verbrecher!

CLÉANTHE Lieber Vater, was kann ich denn dafür, wenn sie
sich weigert? Sie will einfach nicht!

HARPAGON *braust auf:* Ich bring dich noch um!

CLÉANTHE Da haben Sie es, Mademoiselle! Jetzt ist er auch
noch wütend auf mich.

HARPAGON Ersticken sollst du!

CLÉANTHE *zu Mariane:* Wollen Sie ihn noch krank machen? Bitte, Mariane, bitte!

FROSINE Meine Güte! Zieren Sie sich doch nicht so! Wenn er nun unbedingt will!

MARIANE *zu Harpagon:* Ich möchte nicht, daß Sie sich meinetwegen aufregen. Darum nehme ich den Ring einstweilen.

BRINDAVOINE Monsieur, draußen ist jemand, der will Sie sprechen!

VALÈRE Monsieur hat jetzt keine Zeit. Der Mann soll ein andermal wiederkommen.

BRINDAVOINE Er sagt, er bringt Geld für Monsieur Harpagon.

HARPAGON *zu Mariane:* Bin gleich wieder da! *Er will gehen.*

LA MERLUCHE *kommt hereingelaufen, überrennt Harpagon, der zu Boden fällt:* Monsieur …

HARPAGON Ich bin tot!

CLÉANTHE Was ist denn, Vater? Hast du dir wehgetan?

HARPAGON *am Boden liegend:* Der Kerl ist von meinen Schuldnern bestochen! Sie wollen mich umbringen! Umbringen!

CLÉANTHE Es ist doch gar nichts passiert, Vater.
Sie heben Harpagon vom Boden auf und legen ihn auf den Tisch.

LA MERLUCHE Bitte, entschuldigen Sie vielmals, aber ich habe gedacht, es ist sehr wichtig, daß ich so schnell laufe.

HARPAGON Mörder!

LA MERLUCHE Ihre Pferde! Sie haben die Hufeisen verloren.

HARPAGON Dann bring sie doch zum Schmied, Dummkopf!

CLÉANTHE Bis sie beschlagen sind, will ich dich gern bei den Damen vertreten. Ich zeige ihnen inzwischen den Garten. Und die Erfrischungen nehmen wir mit! *Er geht mit den Damen ab.*

HARPAGON Valère! Geh ihm nach! Du mußt aufpassen! Er-

frischungen! Um Gottes Willen! Erfrischungen! Rette
doch noch was! – Und alles zurückschicken, wo es gekauft
ist!

VALÈRE Wird gemacht.

HARPAGON *allein auf dem Tisch:* Kandierte Orangen! Zitronen! Marzipan!

Pause

12.

Schlafzimmer. Cléanthe, Mariane, Elise und Frosine, alle
auf dem Bett.

ELISE Mein Bruder hat mir heute morgen erzählt, daß er Sie
liebt. Und ich weiß, was das bedeutet.

MARIANE Ach, das tut mir so gut! Zu wissen, daß man nicht
allein steht! Lassen Sie uns doch Freunde sein. Das wird
mir helfen, über manches Schwere hinwegzukommen.

FROSINE Ach, ihr seid mir zwei! Warum seid ihr nicht gleich
zu *mir* gekommen. Ich hätte das schon hingekriegt.

CLÉANTHE Ich habe eben immer Pech! Hat alles keinen
Sinn! Mariane, was sagst du!

MARIANE Was soll ich sagen! Ich kann nur noch hoffen.

CLÉANTHE Hoffen? Ist das alles? Gar kein Mitleid? Und gar
keine Hilfe? Und keine Liebe?

MARIANE Was kann ich denn schon helfen. Versetze Dich
doch in meine Lage. Ich verlasse mich ganz auf dich. Ich
will ja alles tun, was du für richtig hältst, – wenn es nicht
zu weit geht natürlich.

CLÉANTHE Zu weit geht! Mein Gott, sei doch nicht so kon-
ventionell! Ich möchte mal endlich tun, was ich will!

MARIANE Ein Mann kann das sagen. Aber es gibt gewisse
Grenzen, die man als Mädchen nicht überschreiten kann.
Ich muß auch auf meine Mutter Rücksicht nehmen. Sie

hat mich mit viel Liebe und unter großen Opfern erzogen – ich kann sie nicht enttäuschen. Rede du doch mit ihr. Vielleicht kannst du etwas bei ihr erreichen.

CLÉANTHE Frosine, kannst du uns denn nicht helfen?

FROSINE Also die gute Frosine solls wieder mal machen! Die kann ja nicht nein sagen. Die ist ja so ein dummes Luder. Immer zieh ich die andern aus dem Dreck! Na ja, wenn ich so eine junge Liebe sehe...

CLÉANTHE Dir fällt schon was ein!

MARIANE Bitte, bitte!

ELISE Du hast doch auch einiges gutzumachen!

FROSINE Mit der Mutter könnte man ja reden. *Zu Cléanthe:* Das Dumme ist nur: Ihr Vater bleibt Ihr Vater.

CLÉANTHE Stimmt.

FROSINE Das schluckt der nie, daß man ihn stehn läßt. Schon darum kriegt ihr nie seinen Segen. Ausgeschlossen. Man müßte die Sache so drehen, daß er Sie selber nicht mehr will.

CLÉANTHE Ach ja!

FROSINE Ach ja, natürlich auch ja! Aber wie kriegen wir das hin? Moment mal. Man müßte eine Frau auftreiben, so in meinem Alter, ein bißchen gerissen, die so tun muß, als ob sie Wunder was wäre, ein richtiges Krokodil, die macht dann auf Marquise oder Gräfin – aus der Bretagne, Landadel – und dann muß ich ihm bloß noch flüstern, sie ist steinreich, Immobilien, Häuser besitzt sie, und noch so circa 1 000 000 in Silber extra. Ganz hemmungslos verliebt in den Alten, hat nichts anderes im Kopf als Madame Harpagon zu werden, dafür überschreibt sie ihm ihren ganzen Besitz. Notariell. Wenn er da nicht anbeißt, habe ich meinen Beruf verfehlt. Er liebt Sie zwar, Mademoiselle, aber treu ist er nur seinem Geld. Später kann's uns ja egal sein, wenn der Schwindel auffliegt.

CLÉANTHE Fabelhaft!

FROSINE Da fällt mir eine Freundin ein! Genau der Typ! Die macht das blendend.

CLÉANTHE Verlaß dich drauf, Frosine, wenn das klappt, tu ich auch was für dich. – Aber wir beide, Mariane, wollen jetzt gleich zu deiner Mutter. Es ist schon viel gewonnen, wenn wir die Heirat mit meinem Vater verhindern. Ich bitte dich, tu, was du kannst!

MARIANE Ja, ich will mir Mühe geben.

HARPAGON *kommt, beiseite und unbemerkt:* Aha! Mein Sohn küßt seiner Stiefmutter die Hand! Und die Stiefmutter hat offenbar auch nichts dagegen. Was soll das…

ELISE Vater! Da bist du ja!

HARPAGON Die Kutsche steht vor der Tür. Sie können jetzt fahren, meine Damen.

CLÉANTHE Du fährst ja doch nicht mit, Vater. Da begleite ich sie.

HARPAGON Du bleibst hier! Die Damen können allein fahren. Ich brauch dich hier.

Alle ab außer Cléanthe und Harpagon.

HARPAGON Na, wie gefällt dir deine Stiefmutter? Abgesehen davon, daß sie deine Stiefmutter wird?

CLÉANTHE Wie sie mir gefällt?

HARPAGON Ihr Aussehen, ihre Art, ihre Figur, ihr Verstand?

CLÉANTHE Es geht.

HARPAGON Hm; es geht?

CLÉANTHE Offen gestanden, ich habe eigentlich mehr erwartet. Der Gesamteindruck ist etwas enttäuschend. Hast du nicht gesehn, wie kokett sie ist? Und gewandt ist sie auch nicht gerade im Umgang. Häßlich ist sie ja nicht direkt. Aber mir zu einfältig. Ich will sie dir nicht madig machen. Vater, nimm sie nur!

HARPAGON Auf einmal!

CLÉANTHE Weil ich ihr vorhin ein paar Komplimente gemacht habe? Ich bitte dich! Die macht man doch so. Das habe ich außerdem für dich getan.

HARPAGON Du findest sie also nicht besonders?

CLÉANTHE Ich? Nein.

HARPAGON Schade. Dann wird nichts aus dem Plan.

CLÉANTHE Was für ein Plan?

HARPAGON Als ich Mariane vorhin da stehen sah, kam ich
mir eigentlich ziemlich alt vor. Ich dachte, was werden
wohl die Leute sagen, wenn ich so ein junges Ding heirate. Ehrlich gesagt, ich hätte am liebsten alles rückgängig
gemacht. Aber das kann ich ja nicht so einfach. Ich kann
sie doch jetzt nicht sitzen lassen. Und da habe ich gedacht,
wenn sie dir gefällt, könntest du sie ja...

CLÉANTHE Was? Ich?

HARPAGON Ja, du.

CLÉANTHE Zur Frau.

HARPAGON Ja, zur Frau.

CLÉANTHE Naja, Vater, sie ist nicht grade mein Typ – aber
dir zuliebe, Vater, würde ich sie schon nehmen.

HARPAGON Nein, nein, zwingen will ich dich nicht.

CLÉANTHE Ach, Vater, für dich...

HARPAGON Nein, nein, so bloß aus Gefälligkeit, das ist
nichts.

CLÉANTHE Liebe kann ja noch kommen, Vater, Liebe
kommt ja oft erst in der Ehe.

HARPAGON Nein, das soll man nicht riskieren. Das kann bös
enden. Das will ich nicht. Wenn sie dir nur ein bißchen
gefallen hätte – aber so! Laß nur, ich stehe zu meinem
Wort, ich heirate sie selbst.

CLÉANTHE Also gut, Vater, da muß ich dir die Wahrheit sagen. Ich liebe Mariane. Gerade wie ich über die Heirat
mit dir reden wollte, bist du selbst damit gekommen. Da
konnte ich dir's nicht mehr sagen.

HARPAGON Hast du sie schon mal besucht?

CLÉANTHE Ja, Vater.

HARPAGON Öfter?

CLÉANTHE Ja, verhältnismäßig oft.

HARPAGON Und man hat dich gut aufgenommen?

CLÉANTHE Sehr gut – aber sie wußten nicht, wer ich bin, und daß du mein Vater bist. Deshalb war Mariane vorhin so überrascht.

HARPAGON Hast du ihr eine Liebeserklärung gemacht?

CLÉANTHE Wie man das eben so macht, ja.

HARPAGON Und Mariane?

CLÉANTHE Ich glaube, sie ist sehr dafür.

HARPAGON So, mein Sohn, jetzt hör mal zu: Daraus wird nichts! Das gibt es nicht! Mariane gehört mir und du heiratest deine Witwe!

CLÉANTHE Ah – ich verstehe! So hast du mich reingelegt! Na gut, wenn wir schon so weit sind, erkläre ich feierlich: ich denke nicht daran, Mariane aufzugeben! Ich werde alles tun, sie dir wegzunehmen. Du kriegst sie nicht! Auf keinen Fall!

HARPAGON Was? Du willst sie mir wegnehmen?

CLÉANTHE Du willst sie *mir* wegnehmen. Ich war zuerst da!

HARPAGON Und ich bin dein Vater! Wo bleibt dein Respekt!

CLÉANTHE Die Liebe kennt keinen Respekt! Vor niemand!

HARPAGON Ein paar Ohrfeigen kriegst du!

CLÉANTHE Schrei nur – das stört mich nicht.

HARPAGON Du läßt die Finger von ihr!

RLÉANTHE Denk ich nicht dran.

HARPAGON Einen Stock! Wer gibt mir einen Stock! *Jacques kommt.*

JACQUES Was machen Sie denn? Ach, Sie streiten sich wohl?

CLÉANTHE *wütend:* Gar nicht! Überhaupt nicht!

JACQUES *zu Cléanthe:* Nur mit der Ruhe, Monsieur.

HARPAGON *auf Cléanthe los:* Du Betrüger! Du Vatermörder!

JACQUES *bekreuzigt sich:* Nicht doch, bitte.

CLÉANTHE Auf Leben und Tod!

JACQUES *zu Cléanthe:* Aber das ist doch Ihr Vater!

HARPAGON Laß mich! Weg da!

JACQUES *zu Harpagon:* Den eigenen Sohn wollen Sie schlagen. Das ist doch nicht Ihr Koch!

HARPAGON *beruhigt sich:* Aber ich habe doch recht! Jacques, jetzt sag du mal, habe ich recht oder nicht?

JACQUES Na ja, wollen wir mal sehen. *Zu Cléanthe:* Kommen Sie nicht so nah heran!

HARPAGON Ich habe die Absicht, sie zu heiraten und jetzt kommt dieser Flegel und will sie auch heiraten.

JACQUES Da hat er unrecht!

HARPAGON Der Herr Sohn gegen seinen Vater! Das ist doch unerhört!

JACQUES Da muß ich Ihnen recht geben. Lassen Sie mich mal mit ihm reden. *Er geht zu Cléanthe.*

CLÉANTHE Jetzt sollst *du* auf einmal entscheiden? Na, meinetwegen, Jacques.

JACQUES Sehr gütig.

CLÉANTHE Ich bin in ein Mädchen verliebt, seit einiger Zeit, und sie liebt mich auch, und jetzt kommt da mein Vater dazwischen, und will sie heiraten!

JACQUES Das ist aber nicht recht von ihm.

CLÉANTHE Daß er sich nicht schämt! In seinem Alter! Da balzt er und hüpft er herum! In *meinem* Alter verliebt man sich, – solange man jung ist!

JACQUES Da haben Sie recht. Ich werde ihm das sagen. *Er geht zu Harpagon:* Also, wenn ich das sagen darf, Ihr Sohn ist ein ganz vernünftiger Junge. Daß er Ihnen Respekt schuldig ist, das weiß er, hat er gesagt. Er ist nur in der Wut so ausfallend geworden. Er will ihnen jetzt gehorchen, nur müssen Sie ihn etwas besser behandeln. Und wenn sie ihm gefällt, nimmt er auch jedes Mädchen, das Sie ihm geben.

HARPAGON Aha! Dann sag ihm, Jacques, gut, unter dieser Bedingung lasse ich mit mir reden. Er kann heiraten, wen er will – außer Mariane! Ich lasse ihm völlige Freiheit.

JACQUES Das bringe ich schon in Ordnung. *Zu Cléanthe:*

Also, Ihr Vater ist nicht so unvernünftig, wie Sie meinen. Er hat sich bloß so aufgeregt über Sie. Sonst ist er gern bereit, mit Ihnen zu reden. Und er bewilligt Ihnen auch alles, aber Sie dürfen nicht so respektlos sein, als Sohn.

CLÉANTHE So? Dann kannst du ihm sagen, er hat den gehorsamsten aller Söhne, und ich mache ihm nie wieder Schwierigkeiten, wenn ich Mariane kriege.

JACQUES *zu Harpagon:* Ich habe es geschafft. Er ist mit allen Vorschlägen einverstanden.

HARPAGON Na also!

JACQUES *zu Cléanthe:* Alles ist in Ordnung. Ihr Vater ist einverstanden.

CLÉANTHE Gott sei Dank!

JACQUES Jetzt sprechen Sie sich in Ruhe aus. Sie sind sich ja vollkommen einig. Es war alles bloß ein Mißverständnis.

CLÉANTHE Danke, Jacques! Das vergesse ich dir nicht!

JACQUES Keine Ursache!

HARPAGON Da hast du mir einen großen Gefallen getan, Jacques. Für deine Vermittlung sollst du eine schöne Belohnung haben! *Harpagon wühlt in seiner Tasche, Jacques hält die Hand hin. Harpagon zieht ein Taschentuch heraus.* Vielen Dank! Ich komme darauf zurück!

JACQUES Zu gütig! *Jacques ab.*

CLÉANTHE Vater, ich habe mich vorhin so aufgeregt, verzeih.

HARPAGON Schon gut, macht nichts.

CLÉANTHE Es tut mir wirklich sehr leid.

HARPAGON Na siehst du, jetzt bist du wieder vernünftig.

CLÉANTHE Gott sei Dank, du bist nicht nachtragend!

HARPAGON Man ist ja nicht so, als Vater...!

CLÉANTHE Also – Schwamm drüber?

HARPAGON Ja – Schwamm drüber!

CLÉANTHE Ich bin dir ewig dankbar.

HARPAGON Und du, Junge, kannst von jetzt an alles von mir haben was du willst.

CLÉANTHE Du hast mir Mariane geben – mehr brauche ich
nicht.

HARPAGON Wie bitte?

CLÉANTHE Ich habe gesagt: mehr brauche ich nicht. Nur
Mariane.

HARPAGON Mariane gegeben? Wer sagt das?

CLÉANTHE Du doch, Vater!

HARPAGON Ich?

CLÉANTHE Ja.

HARPAGON Wie bitte? Du willst doch verzichten!

CLÉANTHE Ich? Verzichten?

HARPAGON Etwa nicht?

CLÉANTHE Denk ich nicht dran!

HARPAGON Du willst sie immer noch heiraten?

CLÉANTHE Mehr denn je!

HARPAGON Geht das schon wieder los?

CLÉANTHE Davon bringt mich niemand ab!

HARPAGON Das wird sich zeigen!

CLÉANTHE Mach was du willst!

HARPAGON Ich schmeiß dich raus!

CLÉANTHE Schmeiß doch!

HARPAGON Ich will dich nicht mehr sehn!

CLÉANTHE Ich dich auch nicht!

HARPAGON Ich verstoße dich!

CLÉANTHE Von mir aus!

HARPAGON Ich enterbe dich!

CLÉANTHE Sonst noch was!

HARPAGON Krepieren sollst du!

CLÉANTHE Danke gleichfalls!

Er läuft weg.

13.

Veranda. La Flèche, Cléanthe.

LA FLÈCHE *kommt aus dem Garten gerannt, mit der Kassette:* Da bist du ja! Schnell! Komm mit!

CLÉANTHE Was ist denn?

LA FLÈCHE Wir sind versorgt.

CLÉANTHE Was sind wir?

LA FLÈCHE Saniert.

CLÉANTHE Wieso denn?

LA FLÈCHE Hier. Ich hab sie!

CLÉANTHE Was denn?

LA FLÈCHE Die Kassette! Ausgebuddelt!

CLÉANTHE Wie hast du denn das gemacht?

LA FLÈCHE Sag ich dir später. *Man hört Harpagon schreien.* Komm! Weg! Da geht's schon los! *Beide rasch ab.*

HARPAGON *kommt herein mit dem toten, vergifteten Hund:* Diebe! Diebe! Mörder! Gerechtigkeit! Ich bin verloren! Ich bin ermordet! Ich bin erwürgt! Mein Geld ist weg! Wer? Wer war's? Wo ist er? Wo hat er sich versteckt? Was soll ich machen? Suchen! Ist er hier? Ist er da? Ist er da? Halt! Gib mir mein Geld! Du Hund! Ach was, Hund! Mein Kopf! Wo bin ich? Wer bin ich? Harpagon? Ach, mein armes Geld! Mein liebes armes Geld, mein Liebling! Du bist mir entrissen! Du warst meine Stütze, mein Trost, meine Freude, mein Alles! Aus! Aus! Aus! Was soll ich noch auf der Welt? Ohne dich will ich nicht leben! Ohne dich geb ich's auf! Ich sterbe. Ich bin schon tot! Im Grab, vermodert! Weckt mich denn keiner? Ein Wort nur: wo ist mein Geld! Wer hat es! Was? Was? Was hast du gesagt? Niemand da! Es war einer, der sich genau auskennt! Er hat genau aufgepaßt. Gerade wie ich mit meinem Sohn rede, da passiert's! Mit diesem Verbrecher! Ich hol die Polizei! Ich laß euch alle foltern, alle! Diener! Kinder! Sohn! Tochter! Und mich auch noch! – Was wollen denn alle die Leute hier? Die sehn alle verdächtig aus. Alles Diebe! He! Was redet ihr da? Ihr wißt was! Was ist denn das da oben? Das ist er! Bitte, bitte, sag mir doch! Wo ist mein Geld? Sag es mir! Ich flehe dich an! Jetzt lachen sie auch noch! Die stecken alle unter einer Decke! Das bring ich schon raus! Polizei! Schnell! Polizei! Kom-

missare! Wachtmeister! Richter! Schöffen! Daumen-
schrauben! Ketten! Galgen! Henker! Ich laß alle aufhängen! Und wenn ich das Geld nicht wiederkriege, häng ich
mich selbst auf!

14.

Diele. Harpagon, der Kommissar, sein Sekretär.

DER KOMMISSAR Überlassen Sie das mir. Ich befasse mich
nicht erst seit gestern mit Diebstahl. Wenn Sie mir für jeden, den ich an den Galgen gebracht habe 100 Francs geben...

HARPAGON Mein Fall ist für die Justiz ganz besonders interessant! Und wenn die Justiz mir nicht mein Geld wieder
verschafft, mache ich der Justiz den Prozeß!

DER KOMMISSAR Kommen wir zur Sache. Wie hoch war die
Summe?

HARPAGON 10000 Francs. Die ganze Kassette.

DER KOMMISSAR 10000 Francs?

HARPAGON 10000 Francs.

DER KOMMISSAR Das ist erheblich.

HARPAGON Ungeheuerlich! Keine Strafe ist hoch genug!
Wenn man hier nicht durchgreift, sind unsere heiligsten
Güter in Gefahr!

DER KOMMISSAR Um was für Münzen handelt es sich?

HARPAGON Louisdor in Gold und Pistolen.

DER KOMMISSAR Haben Sie eine bestimmte Person in Verdacht?

HARPAGON Alle! Ich verlange, daß Sie sofort die ganze
Stadt verhaften lassen, auch die Vorstädte!

DER KOMMISSAR Man darf die Leute nicht kopfscheu machen. Man muß die Beweise in Ruhe zusammentragen.
Dann erst können wir mit aller Schärfe vorgehen.

JACQUES kommt, ruft nach hinten: Bin gleich wieder da!
Schneidet die Kehle durch, sengt die Pfoten ab. Und dann

ins kochende Wasser! Und dann an der Decke aufhängen!

HARPAGON Wen? Den Dieb?

JACQUES Ich meine die Sau, die Valère gekauft hat. Ich wollte sie gerade schlachten.

HARPAGON Hier geht es nicht um deine Sau! Der Herr hat einige Fragen an dich.

JACQUES *erschrocken.*

DER KOMMISSAR Erschrecken Sie nicht gleich! Es besteht kein Grund zur Aufregung. Es geschieht Ihnen nichts.

JACQUES Kommt der Herr auch noch zum Essen?

DER KOMMISSAR Bitte, lenken Sie nicht ab. Sie dürfen uns jetzt nichts verheimlichen.

JACQUES Ich will ja gar nichts verheimlichen. Kommen Sie doch mit in die Küche, dann zeige ich Ihnen alles! Und zu essen kriegen Sie auch noch was.

HARPAGON Darum geht es jetzt nicht!

JACQUES Wenn das Fleisch zäh sein sollte, an mir liegt es nicht! Das ist der Valère! Der kauft nur das billigste.

HARPAGON Hier geht's nicht ums Essen! Es geht um das Geld, das man mir gestohlen hat!

JACQUES Ihnen? Geld gestohlen?

HARPAGON Ja, ja, ja! Heraus damit! Oder du wirst gehenkt!

DER KOMMISSAR Das ist eine Vernehmung! Schreien Sie nicht so! Ruhe! Dieser Mann hat ein ehrliches Gesicht. Das kann ich beurteilen. Wir werden alles von ihm erfahren, ohne Gewaltanwendung. Nun sagen Sie uns, Mann, wie war das? Seien Sie ganz offen. Monsieur Harpagon ist Geld gestohlen worden. Sie wissen doch sicher etwas darüber. Wollen Sie es uns nicht sagen?

JACQUES *beiseite:* Jetzt kann ich mich an dem Valère rächen!

HARPAGON Was sagst du da?

DER KOMMISSAR Reden Sie nicht dazwischen! Er wird jetzt aussagen!

JACQUES Also, wenn ich schon alles sagen soll, meiner Meinung nach ist es der Monsieur Valère gewesen.

HARPAGON Valère?

JACQUES Ja, genau der.

HARPAGON Und gerade den habe ich für ehrlich gehalten!

JACQUES Der ist es gewesen! Bestimmt! Der hat Sie bestohlen!

HARPAGON Wie kommst du darauf?

JACQUES Wieso?

HARPAGON Ja, wieso?

JACQUES Na, so – ich habe mir gedacht – weil ich's eben gedacht habe.

DER KOMMISSAR Haben Sie Beweise?

HARPAGON Hast du ihn irgendwo herumschnüffeln sehen? Da wo ich mein Geld vergraben hatte?

JACQUES Ja, da war's! – Wo war es denn vergraben, bitte?

HARPAGON Im Garten!

JACQUES Ja. Genau da! Im Garten! Da habe ich ihn gesehn! Herumgeschlichen ist er da! Wo war denn das Geld drin?

HARPAGON In einer Kassette.

JACQUES Sehn Sie! Da haben wir's! Ich hab ihn nämlich mit einer Kassette gesehn!

HARPAGON Und wie sah die aus, die Kassette?

JACQUES Wie die ausgesehn hat?

HARPAGON Ja.

JACQUES Sie hat ausgesehn – wie eine Kassette so aussieht!

DER KOMMISSAR Selbstverständlich. Aber können Sie diese Kassette nicht näher beschreiben?

JACQUES Ja, sie war ziemlich groß…

HARPAGON Meine ist klein!

JACQUES Naja, von außen war sie klein, kann man sagen. Aber was da drin war!

DER KOMMISSAR Die Farbe?

JACQUES Farbe?

DER KOMMISSAR Ja.

JACQUES Die Farbe, naja,… so eine komische Farbe… wie nennt man die gleich jetzt…

HARPAGON Hee?

JACQUES Rot…?

HARPAGON Nein! Grau!

JACQUES Ja, so hat sie ausgesehn! Graurot.

HARPAGON Das ist sie! Natürlich ist sie das! Schreiben Sie
auf! Schreiben Sie alles auf, Monsieur, was er sagt! Mein
Gott, wem kann man da noch trauen? Auf nichts ist mehr
Verlaß!

JACQUES Da kommt er! Sagen Sie bloß nicht, daß Sie's von
mir wissen.

Valère kommt.

HARPAGON Komm her! Komm! Näher! Gesteh dein Verbrechen!

VALÈRE Was ist denn, Monsieur?

HARPAGON Was! Da wagt er noch zu fragen! Als ob er von
nichts wüßte! Streit es nur ab! Das nützt dir jetzt nichts
mehr! Du bist entlarvt! Ich weiß alles! Das ist der Lohn
für meine Güte! Du hast dich in mein Haus eingeschli-
chen, nur aus diesem Grund!

VALÈRE Also gut, Monsieur Harpagon, ich kann es nicht
mehr verheimlichen – ich gebe alles zu.

JACQUES Ach! Der war's wirklich?

VALÈRE Ich hatte sowieso vor, mit Ihnen zu sprechen und
Ihnen meine Gründe zu erklären.

HARPAGON Gründe? Was gibt's denn da für Gründe! Du
gemeiner Dieb!

VALÈRE Dieb, Monsieur, dürfen Sie nicht sagen. Das ist zu
hart. Gut, ich habe ein Unrecht begangen, aber schließlich ist das verzeihlich, – hören Sie mich nur an…

HARPAGON Verzeihlich? Was? Ein solcher Überfall? Ein
solcher Meuchelmord?

VALÈRE Hören Sie mir doch erst mal zu! Es ist doch alles
halb so schlimm.

HARPAGON Was? Halb so schlimm? So? So? Was? Mein
Herzensschatz! Was! Du Mörder!

VALÈRE Ihr Schatz ist in guten Händen. Meine Familie trägt

einen angesehenen Namen. Und alles, was vorgefallen ist, kann leicht wieder gutgemacht werden.

HARPAGON Das will ich auch hoffen. Gib her, was du gestohlen hast! Gib sie sofort zurück!

VALÈRE Ihre Ehre soll nicht verletzt werden, Monsieur.

HARPAGON Ehre! Von Ehre ist gar nicht die Rede! Oder war das auch die Ehre, die dich dazu getrieben hat! Oder was war es?

VALÈRE Das fragen Sie noch?

HARPAGON Du Ehrenmann!

VALÈRE Es war die Macht, die alles in der Welt entschuldigt: die Liebe.

HARPAGON Die Liebe?

VALÈRE Ja.

HARPAGON Das ist gut! Die Liebe! Die Liebe! Die Liebe zu meinem Geld!

VALÈRE O nein, nein! Ihr Geld interessiert mich überhaupt nicht. Ich schwöre Ihnen, Sie können alles behalten, lassen Sie mir nur, was ich habe.

HARPAGON Hört euch das an! Jetzt will er auch noch behalten, was er gestohlen hat!

VALÈRE Sie sagen immer: gestohlen!

HARPAGON Was denn sonst! Mein Ein und Alles!

VALÈRE Wir gehören zusammen! Nur der Tod kann uns trennen.

HARPAGON Das soll er auch: Du wirst gehenkt!

VALÈRE Machen Sie, was Sie wollen. Aber bitte glauben Sie mir nur das eine: Ihre Tochter ist unschuldig.

HARPAGON Das will ich auch hoffen! Meine Tochter! Ja, die ist anständig! – Also wohin hast du sie verschleppt?

VALÈRE Verschleppt? Ich habe sie doch nicht verschleppt! Sie ist hier im Hause.

HARPAGON Hier im Haus? – *laut:* Sie ist noch im Haus?

VALÈRE Ja.

HARPAGON Und du hast sie nicht berührt?

VALÈRE Ich sie berührt? Bitte, Monsieur Harpagon, Sie

müssen mir glauben, meine Liebe zu ihr ist rein…

HARPAGON Rein!

VALÈRE Sie steht mir viel zu hoch!

HARPAGON Hoch?

VALÈRE In meiner Liebe ist nichts Irdisches, nichts Sünd-
haftes…

HARPAGON Nichts Irdisches? Er spricht wie ein Liebhaber
von seiner Braut.

VALÈRE Brindavoine weiß alles, Sie können ihn fragen.

HARPAGON Was? Der war auch dabei?

VALÈRE Ja – bei der Verlobung.

HARPAGON Verlobung? *Beiseite:* Jetzt ist er verrückt geworden, aus Angst!

VALÈRE Elise wollte erst nicht, aber dann habe ich sie über-
zeugen können, daß meine Absichten ehrlich sind. Da hat
sie Ja gesagt.

HARPAGON Wer hat Ja gesagt? Zu was?

VALÈRE Zu dieser Heirat.

HARPAGON Heirat? Lieber Gott, noch ein Unglück!

JACQUES *zum Kommissar:* Schreiben Sie's auf, Monsieur!
Schreiben Sie's auf!

HARPAGON Noch ein Unglück! Tun Sie Ihre Pflicht, Herr
Kommissar, verhaften Sie diesen Dieb und Verführer!
Hängen Sie ihn auf!

VALÈRE Das stimmt nicht! Das ist ein Irrtum! Sie wissen ja
noch gar nicht, wer ich bin! Ich heiße ja gar nicht Valère!
Hören Sie doch!

Elise, Mariane und Frosine kommen.

HARPAGON Du Hure! Meine Tochter willst du sein! Geh
weg! Da habe ich dich erzogen, und das ist also das Resul-
tat! Alles umsonst! Hängst dich an einen Dieb! An einen
gemeinen Verbrecher! Sich hinter meinem Rücken zu-
sammentun! Da habt ihr euch verrechnet, ihr Zwei! Du
kommst ins Kloster! Und du wirst gehenkt!

VALÈRE Hören Sie mich doch erst an!

HARPAGON Gehenkt, – was sag ich! Rädern wird man dich!

61

ELISE Vater, ich flehe dich an! Zeig doch einen Funken Menschlichkeit! Überlege doch, was du tust, laß dich doch nicht hinreißen in deinem Zorn! Du kennst ihn doch gar nicht! Wenn du ihn erst mal kennst, dann wirst du auch verstehen, warum ich ihn liebe. Ohne ihn wäre ich schon gar nicht mehr auf der Welt. Vor dem Ertrinken hat er mich gerettet! Ohne ihn hättest du keine Tochter mehr.

HARPAGON Hätte er dich doch ersaufen lassen! Dann hätte er mir *das* erspart!

ELISE Vater, ich flehe dich an...

HARPAGON Nein, nein und nein! Ich will nichts mehr hören! Er soll hängen!

JACQUES *beiseite:* Das hat er davon!

FROSINE *beiseite:* Da komm ich nicht mehr mit.
Großer Auftritt des Monsieur Anselme.

ANSELME Was gibts denn, Monsieur Harpagon? Was ist geschehn?
Ich bin bestürzt, Sie derart außer sich zu sehn!

HARPAGON Lieber Monsieur Anselme, ich bin der unglücklichste Mensch von der Welt. Sie kommen wegen der Heirat und geraten in ein Verbrechernest! Man hat mir mein Vermögen und meine Ehre geraubt. Da steht er! Der hinterlistige Mensch! Der Verbrecher! Er hat sich als Diener in mein Haus geschlichen! Und so etwas habe ich zu meinem Verwalter gemacht! Er hat mein Geld gestohlen und meine Tochter verführt!

VALÈRE Was soll denn der Unsinn mit dem Geld? Um Ihr Geld geht es doch gar nicht!

HARPAGON Er hat Ihre Braut verführt, Monsieur Anselme! Das geht *Sie* an! Machen Sie ihm den Prozeß!

ANSELME Elise hat gewählt? Sie hat ihr Herz vergeben? Dann will ich keinen Anspruch mehr auf ihre Hand erheben!
Jedoch Ihr Geld? Ich bin empört! Man stahl Ihr Geld? Solch eine Tat rührt an die Ordnung unserer Welt!

HARPAGON Der Herr Kommissar sagt Ihnen alles! *Zum*

Kommissar: Belasten Sie ihn! Machen Sie es so schlimm wie möglich!

VALÈRE Ich versteh nicht: immer heißt es: Verbrechen! Ein Heiratsversprechen ist doch kein Verbrechen! Und wenn Sie mich erst sagen lassen, wer ich in Wahrheit bin…

HARPAGON Ein Dieb bist du! Weiter gar nichts!

VALÈRE Wissen Sie, wer Don Thomas d'Alburcy ist?

HARPAGON Was geht mich dein Thomas an! Kenne ich nicht!

ANSELME Wer? Thomas d'Alburcy? Ja! Ich bekenne, daß ich den Namen häufig, – und mit Kummer – nenne.

VALÈRE Er war mein Vater.

ANSELME Ihr Vater Thomas d'Alburcy? Sie fabulieren! Und herzlich schlecht, Monsieur! Ich kann Sie überführen!

VALÈRE Ich kann es beweisen!

DER KOMMISSAR Erzähl keine Märchen! Kommen Sie mit! *Polizei faßt Valère.*

ANSELME So lassen Sie sich sagen, daß vor sechzehn Jahren, als in der Stadt Neapel die Revolten waren, Don Thomas d'Alburcy auf einem Schiff entkam mit Frau und mit zwei Kindern, die er mit sich nahm. Was Pöbels Wut entging, entging doch nicht den Wellen: ein Sturm kam auf. Man sah das Schiff zerschellen.

VALÈRE Richtig! Aber sein damals siebenjähriger Sohn wurde gerettet. Er steht vor Ihnen. *Man will Valère fortführen.*

ANSELME Nein! Wartet noch! *Zu Valère:* Sind Sie tatsächlich aus dem Haus der d'Alburcys, dann rasch: wie sieht ihr Wappen aus?

VALÈRE *zeigt seinen Siegelring:* So!

MARIANE *sieht den Ring und zeigt ihren eigenen:* So? Der gleiche Ring!

VALÈRE Was! Dann bist du meine Schwester!

MARIANE Und du mein Bruder! Meine Mutter hält dich für tot! Nach dem Schiffbruch. Ich flehe Sie an, Herr Kommissar, lassen Sie ihn frei! Lassen Sie ihn zu seiner Mutter!

ANSELME Hier ist der dritte Siegelring! An meiner Hand!

VALÈRE Heißt das, Sie sind...

MARIANE O –

ANSELME Ja! Thomas d'Alburcy!

HARPAGON Und der da ist Ihr Sohn?

ANSELME Ich habe ihn erkannt!

HARPAGON Dann zahlen Sie mir die 10 000 Francs, die er mir gestohlen hat!

ANSELME *empört:* Monsieur! Ich bitte Sie! Wie können Sie es wagen,

einen d'Alburcy gemeinen Diebstahls anzuklagen!

HARPAGON Er hat mich aber bestohlen!

VALÈRE Wer behauptet das?

HARPAGON Der Koch und der Kutscher.

VALÈRE Das hast du gesagt?

JACQUES Ich sag doch gar nichts, das hören Sie doch!

VALÈRE So etwas traun Sie mir zu?

HARPAGON Traun oder nicht – ich will mein Geld wieder!

CLÉANTHE *kommt:* Keine Sorge, Vater, du kriegst es wieder! Ich habe es gefunden. Aber du mußt mir Mariane geben.

HARPAGON Wo?

CLÉANTHE Du kannst wählen, überleg es dir! Entweder du gibst mir Mariane oder du siehst deine Kassette nie wieder!

HARPAGON Ist noch alles drin? Nichts rausgenommen?

CLÉANTHE Kein Sou. Gibst du sie mir? Die Zustimmung ihrer Mutter habe ich schon.

MARIANE Lieber Cléanthe, das genügt nicht. Hier hat sich alles geändert. Hier ist mein Bruder und dort mein Vater. Den mußt du fragen.

ANSELME Ein jeder Mensch erhält den Lohn, der ihm gebührt.

So will der Himmel, der uns hier zusammenführt gewiß nicht, daß ich euren Wünschen widerstehe.

Es ist mein Glück, wenn ich euch, Kinder, glücklich sehe.
Zu Harpagon:
Sie will des Sohnes lieber als des Vaters Gattin sein.
Um unserer Kinder willen: sagen Sie nicht nein.

HARPAGON Erst meine Kassette! Dann reden wir weiter!

CLÉANTHE Keine Angst, die kriegst du gleich.

HARPAGON Aber eine Mitgift kann ich nicht geben!

ANSELME Das Paar wird über hunderttausend Francs verfügen.

HARPAGON Und wer bezahlt die Hochzeit?

ANSELME Die zahl ich, Monsieur Harpagon, – und mit Vergnügen!

HARPAGON Ja, aber dann brauche ich auch noch einen neuen Anzug!

ANSELME Den Anzug auch – ich schicke morgen meinen Schneider.
– Und auch das Fräulein Braut, braucht, scheint mir, schönere Kleider. *Will ab mit den anderen.*

DER KOMMISSAR Halt, meine Herren! Immer langsam! Wer zahlt das Protokoll?

HARPAGON Protokoll? Was geht uns das an?

DER KOMMISSAR Die Gebühren sind auf jeden Fall zu zahlen.

HARPAGON Nehmen Sie meinen Koch dafür – hängen Sie ihn auf.

JACQUES Sag ich die Wahrheit, werde ich verprügelt, lüge ich, hängt man mich auf.

ANSELME Monsieur, wir wollen diesem armen Schelm verzeihen.

HARPAGON Zahlen Sie dann den Kommissar?

ANSELME Auch den! Zu eurer Mutter jetzt! Sie soll sich mit uns freuen!

HARPAGON Ich bleibe bei meiner Kassette!

Während die andern weggehen, setzt sich Harpagon, öffnet die Kassette, zählt die Münzen, steckt ein Geldstück in den Mund, ein zweites; beginnt zu kauen.

Der eingebildet Kranke

Personen:

ARGAN
BÉLINE
ANGÉLIQUE
LOUISON
BÉRALDE
CLÉANTHE
DR. DIAFOIRUS
THOMAS DIAFOIRUS
DR. PURGON
FLEURANT
DE BONNEFOY
TOINETTE

Schauplatz: Argans Haus

1

Zimmer von Argan

ARGAN *prüft die Rechnungen seines Apothekers:* Drei und zwei macht fünf, und fünf macht zehn, und zehn macht zwanzig. Drei und zwei macht fünf. »Ferner am 24. ein kleines insinuatives, präparierendes und stimulierendes Klistier zur Erweichung, Anfeuchtung und Erfrischung der Verdauungsorgane von Euer Hochwohlgeboren.« Das gefällt mir an dem Apotheker Fleurant, seine Rechnungen sind immer sehr höflich. »Die Verdauungsorgane von Euer Hochwohlgeboren, dreißig Sous.« Ja, aber Höflichkeit allein tuts nicht, Herr Fleurant! Man muß auch in Grenzen bleiben, die Kranken nicht ausbeuten. Dreißig Sous – ein Klistier! Habe die Ehre! In früheren Rechnungen haben Sie mir bloß zwanzig berechnet, und zwanzig in der Apothekersprache, das heißt: zehn. Also: zehn Sous. »Ferner ein gut purifizierendes Klistier nach Vorschrift aus doppeltem Catholicon, Rhabarber, Rosenhonig und anderen Ingredienzien zur Ausfegung, Spülung und Reinigung des Unterleibes von Euer Hochwohlgeboren, 30 Sous.« Also, wenn Sie gestatten: zehn. »Ferner am selben Tag, abends, ein hepatisches, soporatives und sedatives Schlafmittel, um die Nachtruhe von Euer Hochwohlgeboren zu gewährleisten – dreißig Sous.« Dagegen kann ich mich nicht beschweren, geschlafen habe ich gut. Zehn, fünfzehn, sechzehn und siebzehn Sous 6 Deniers. »Ferner, am 25. ein kräftiges, purgierendes und korroboratives Medikament, zusammengestellt aus frischer Kassia, levantinischen Sennesblättern und Sonstigem, gemäß dem Rezept von Herrn Doktor Purgon, zur Ausstoßung und Ausscheidung der Galle von Euer Hochwohlgeboren – vier Francs.« Herr Fleurant, das ist wohl ein Scherz! Sie waren wohl noch nie

krank? Vier Francs! Die haben bestimmt nicht auf dem Rezept gestanden. Sagen wir drei Francs. Durch zwei macht zwanzig, dreißig Sous. »Ferner am gleichen Tag ein unschädlicher, adstringierender Trank zur Beruhigung von Euer Hochwohlgeboren, dreißig Sous.« Gut, zehn und fünfzehn Sous. »Ferner am 26. ein karminatives Klistier, um Euer Hochwohlgeboren von Ihren Blähungen zu befreien – dreißig Sous.« Zehn Sous, Herr Fleurant. »Ferner oben spezifiziertes Klistier für Euer Hochwohlgeboren am Abend noch einmal wiederholt – dreißig Sous«. Zehn Sous, Herr Fleurant. »Ferner am 27. ein kräftiges Medikament zur Beschleunigung der Verdauung und zur Abführung der schlechten Säfte von Euer Hochwohlgeboren – dreißig Francs.« Gut, zwanzig und dreißig Sous. Freut mich, daß Sie mit sich reden lassen. »Ferner am 28. ein Glas gesüßte und destillierte Magermilch zur Besänftigung, Linderung, Abkühlung und Belebung des Blutes von Euer Hochwohlgeboren – zwanzig Sous.« Gut, also zehn. »Ferner ein herzstärkender und preservierender Trank, zusammengestellt aus 12 Körnern Bezoar, Zitronen- und Granatapfelsirup und Sonstigem, nach Rezept, fünf Francs.« – Aber Herr Fleurant! Langsam! Langsam! Wenn Sie so mit einem umgehen, will keiner mehr krank sein! Vier Francs tuns auch. Durch zwei macht zwanzig und vierzig Sous. Drei und zwei macht fünf, und fünf macht zehn, und zehn macht zwanzig. Dreiundsechzig Francs, vier Sous und sechs Deniers. Ich habe also diesen Monat gebraucht: eins, zwei, drei, vier, fünf, sechs, sieben und acht Medikamente. Und eins, zwei, drei, vier, fünf, sechs, sieben, acht, neun, zehn, elf und 12 Klistiere. Vorigen Monat waren es 12 Medikamente und zwanzig Klistiere. Kein Wunder, daß ich mich diesen Monat schlechter fühle! Das muß ich Doktor Purgon sagen, damit er das in Ordnung bringt. So, weg damit!
Er bemerkt, daß niemand da ist.
Niemand da? Ich kann sagen, was ich will, man läßt mich

immer allein. Man kann sie einfach nicht halten.

Er klingelt.

Die hören nicht! Die Klingel ist nicht laut genug.

Er klingelt noch einmal.

Nichts zu machen.

Er klingelt noch einmal.

Die sind wohl taub! Toinette!

Klingelt noch einmal.

Nützt nichts. Verdammtes Luder!

Er klingelt weiter.

Ich werde wahnsinnig.

Er hört auf zu klingeln und schreit.

Kling, kling, kling, kling, kling, kling! Verdammt noch mal, du Luder. Ist das zu fassen, daß man einen hilflosen Kranken einfach allein läßt! Kling! Kling! Kling! Das ist doch zum Weinen! Kling! Kling! Mein Gott, die lassen mich hier sterben! Kling, kling, kling, kling!

TOINETTE *kommt:* Bin ja schon da!

ARGAN Du Kr... *Er kann vor Zorn nicht weiter sprechen.*

TOINETTE *tut so, als ob sie sich am Kopf gestoßen hätte:* Schon gut, ja, ja, ja, ja! Immer hetzen Sie die Leute herum! Jetzt hab ich mir fast das Hirn eingerannt, Ihretwegen!

ARGAN *wütend:* Du Luder, ich könnte –

TOINETTE *unterbricht ihn:* Uuh!

ARGAN Eine –

TOINETTE Uuh!

ARGAN Eine Stunde –

TOINETTE Uuh!

ARGAN Du läßt mich hier –

TOINETTE Uuh!

ARGAN Halt den Mund, ich schimpfe!

TOINETTE Das fehlt mir noch! Und die Beule dazu!

ARGAN Ich habe mir einen Kropf geschrien deinetwegen!

TOINETTE Und ich hab ein Loch im Kopf, Ihretwegen! Da sind wir quitt.

ARGAN Du Miststück!

TOINETTE Wenn Sie jetzt schimpfen, heul ich!

ARGAN Mich hier so einfach –

TOINETTE *unterbricht ihn:* Uuh! Uuh!

ARGAN Du verdammtes – du...

TOINETTE Uuh!

ARGAN Ich darf nicht einmal schimpfen!

TOINETTE Schimpfen Sie doch, von mir aus!

ARGAN Du läßt mich ja nicht!

TOINETTE Sie schimpfen, ich heule – jedem sein Vergnügen! Uuh!

ARGAN Naja! – Nimm das weg! *Er ist aufgestanden.* Hat mein Klistier gewirkt heute?

TOINETTE Gewirkt?!

ARGAN Ist viel Galle dabei?

TOINETTE Nicht meine Sache, da soll der Herr Fleurant drin rühren. Der verdient ja auch dran.

ARGAN Setzt mir Wasser auf, ich muß ein neues nehmen.

TOINETTE Dieser Herr Fleurant und dieser Herr Purgon, die treibens ja ganz schön mit Ihnen. Da haben die eine ganz schöne Melkkuh gefunden. Ich möchte sie bloß mal bei Gelegenheit fragen, was das für eine Krankheit ist, die soviel Mittel braucht!

ARGAN Halt den Mund! Es kommt dir nicht zu, ärztliche Maßnahmen zu kritisieren! Hole meine Tochter Angélique – ich habe ihr etwas zu sagen. *Er unterbricht sich plötzlich und läuft hinaus zur Toilette.*

TOINETTE *will ihm den Stock geben:* Ihr Stock – ich denke, Sie können ohne Stock nicht gehen! *Argan ist schon verschwunden.* Herr Fleurant hält uns in Trab!

2.

Schlafzimmer von Angélique

ANGÉLIQUE Toinette!

72

TOINETTE Was?

ANGÉLIQUE Sieh mich mal an!

TOINETTE Na bitte, ich sehe Sie an!

ANGÉLIQUE Toinette!

TOINETTE Ja, was denn, – Toinette!

ANGÉLIQUE Kannst du dirs nicht denken?

TOINETTE Na was denn schon – unser junger Freund! Sechs
Tage reden wir ja schon von dem. Sie halten es ja gar nicht
aus, wenn Sie mal nicht von dem reden!

ANGÉLIQUE Wenn dus schon merkst, fang doch *du* davon
an! Du würdest mir die Mühe sparen, dich auf das Thema
zu bringen.

TOINETTE Sie lassen mich ja gar nicht! Sie entwickeln da so
einen Eifer, ich wüßte nicht, wie ich Ihnen zuvorkommen
sollte.

ANGÉLIQUE Ich gebe es ja zu, ich muß einfach von ihm reden! Ich bin glücklich über jede Gelegenheit, mit dir darüber zu reden. Toinette, bist du grundsätzlich dagegen?

TOINETTE Werde mich hüten!

ANGÉLIQUE Laß ich mich vielleicht zu sehr gehen?

TOINETTE Hab ich nicht gesagt!

ANGÉLIQUE Wenn er sagt, daß er mich so wahnsinnig liebt,
soll ich das vielleicht ignorieren?

TOINETTE Um Gottes Willen!

ANGÉLIQUE Und wie wir uns begegnet sind, das hat doch etwas Schicksalhaftes, findest du nicht auch?

TOINETTE Doch.

ANGÉLIQUE Und wie er mich in Schutz genommen hat, ohne
mich zu kennen, das tut doch nicht *irgend jemand,* findest
du nicht?

TOINETTE Nein.

ANGÉLIQUE War das nicht großartig von ihm?

TOINETTE Sehr.

ANGÉLIQUE Und das hatte doch alles Stil, wie er das gemacht hat!

TOINETTE Und wie!

ANGÉLIQUE Und er sieht doch auch fabelhaft aus, findest du
   nicht?

TOINETTE Unbedingt!

ANGÉLIQUE Er sieht doch auch nach was aus!

TOINETTE Bestimmt!

ANGÉLIQUE Und wenn er spricht und wie er sich benimmt,
   das hat Format.

TOINETTE Hat es.

ANGÉLIQUE Und dieses Temperament! In jedem Wort, was
   er sagt!

TOINETTE Kann man wohl sagen.

ANGÉLIQUE Wir hätten uns so viel zu sagen, und man sperrt
   mich hier ein! Das ist doch unerträglich!

TOINETTE Da haben Sie recht.

ANGÉLIQUE Ob er mich auch so liebt, wie ers immer sagt?

TOINETTE Das ist so 'ne Sache... – auf dem Gebiet habe ich
   schon große Schauspieler erlebt.

ANGÉLIQUE So, wie er mit mir spricht, meinst du, da könnte
   er noch lügen?

TOINETTE Das werden Sie ja bald wissen. Er hat doch gestern geschrieben, er will um Ihre Hand anhalten. Da
   muß er ja zeigen, ob er's ernst meint. Dann haben wir den
   Beweis.

ANGÉLIQUE Toinette, wenn der falsch ist, dann glaube ich
   in meinem ganzen Leben keinem Mann mehr!

3.

Zimmer von Argan. Argan Toinette, Angélique

ARGAN Also, mein Kind, ich habe eine Neuigkeit für dich,
   auf die du vermutlich nicht gefaßt bist. Es will dich jemand heiraten. – Wie? Du lachst? Ja, heiraten – ein er-
   freuliches Wort für ein junges Mädchen. Ja, die Natur!
   Ich sehe schon, mein Kind, ich brauche dich gar nicht erst
   zu fragen.

ANGÉLIQUE Lieber Vater, ich muß doch alles tun, was Sie
    mir sagen.

ARGAN Freut mich, daß ich so eine gehorsame Tochter
    habe. Die Sache ist also abgemacht. Betrachte dich als
    verlobt.

ANGÉLIQUE Ich muß ja gehorchen.

ARGAN Deine Stiefmutter, – meine Frau, wollte eigentlich,
    daß du ins Kloster gehst, ihr beide, du und deine kleine
    Schwester Louison. Das war immer ihre Idee.

TOINETTE *beiseite:* Die gute Seele weiß schon warum.

ARGAN Sie war sehr gegen diese Heirat. Ich habe mich aber
    durchgesetzt. Und dabei bleibt es jetzt!

ANGÉLIQUE Ach Papa! Ich bin Ihnen so dankbar!

TOINETTE *zu Argan:* Ich muß sagen, das finde ich sehr an-
    ständig von Ihnen! Das ist das beste, was Sie je getan ha-
    ben.

ARGAN Ich habe die betreffende Person noch nicht gese-
    hen; aber man hat mir gesagt, ich werde mit ihm zufrieden
    sein und du auch.

ANGÉLIQUE Bestimmt!

ARGAN Wieso? Kennst du ihn?

ANGÉLIQUE Wo Sie jetzt schon zugesagt haben, kann ich
    Ihnen ja alles gestehen: Wir haben uns vor sechs Tagen
    durch einen Zufall kennengelernt, und den Antrag hat er
    nur gemacht, weil wir uns gleich so wunderbar verstanden
    haben.

ARGAN Das haben die mir gar nicht gesagt. Aber das freut
    mich. Um so besser, wenn es so ist! Sie sagen, er ist ein
    lang aufgeschossener Junge, stattlich.

ANGÉLIQUE O ja!

ARGAN Schlank.

ANGÉLIQUE O ja!

ARGAN Angenehm, überhaupt.

ANGÉLIQUE O ja!

ARGAN Sympathisches Gesicht.

ANGÉLIQUE Sehr sympathisch!

ARGAN Vernünftig.

ANGÉLIQUE Sehr!

ARGAN Sehr gebildet.

ANGÉLIQUE Ungeheuer gebildet!

ARGAN Spricht fließend Latein und Griechisch.

ANGÉLIQUE Das wußte ich noch nicht mal.

ARGAN In drei Tagen macht er seinen medizinischen Doktor.

ANGÉLIQUE Er? Den medizinischen…?

ARGAN Hat er dir das nicht gesagt?

ANGÉLIQUE Hat er nicht, nein. Wo haben Sie es denn her?

ARGAN Von Doktor Purgon.

ANGÉLIQUE Kennt ihn denn Doktor Purgon?

ARGAN Komische Frage! natürlich kennt er ihn, ist doch sein Neffe.

ANGÉLIQUE Cléanthe – Herrn Purgons Neffe?

ARGAN Was für ein Cléanthe? Wir sprechen von dem, der dich heiraten will.

ANGÉLIQUE Ja, ja, eben.

ARGAN Eben! Das ist der Neffe von Doktor Purgon, also der Sohn seines Schwagers Doktor Diafoirus, und dieser Sohn heißt Thomas Diafoirus – nicht Cléanthe, und heute morgen haben wir diese Heirat beschlossen, Doktor Purgon, Herr Fleurant und ich. Morgen wird mir mein zukünftiger Schwiegersohn von seinem Vater vorgestellt. Was hast du denn?

ANGÉLIQUE Ich merke, Sie haben von einem ganz anderen gesprochen.

TOINETTE Was, Herr Argan? Sie kommen im Ernst auf so eine hirnverbrannte Idee? Sie, mit Ihrem vielen Geld? Sie wollen Ihre Tochter mit einem Arzt verheiraten?

ARGAN Jawohl, das will ich! Was geht das dich denn an, du freches Stück!

TOINETTE Nun mal langsam! Immer fangen Sie gleich an zu schimpfen! Können wir nicht vernünftig und in aller Ruhe miteinander reden? Also! In aller Ruhe: bitte, was für

Argumente sprechen für diese Heirat?

ARGAN Mein Argument ist, daß ich ein schwacher und kranker Mann bin und daß ich deshalb einen Arzt zum Schwiegersohn brauche, und überhaupt eine ganze Verwandtschaft von Ärzten, die mir in meiner Krankheit beistehen. So habe ich die nötige ärztliche Betreuung in der eigenen Familie und es ist immer jemand im Haus, den ich konsultieren kann und der mir Rezepte schreibt.

TOINETTE So! Das sind Argumente! Jetzt haben Sie sie gesagt. Das ist doch gleich was anderes, wenn man sich in aller Ruhe ausspricht. Aber, nun sagen Sie mal ehrlich, Herr Argan: Sind Sie eigentlich wirklich krank?

ARGAN Was, du Luder? Ob ich krank bin? Ob ich krank bin, du Miststück?

TOINETTE Schon gut, schon gut! Sie sind krank, streiten wir nicht darüber! Ja! Sie sind schwer krank, ich geb es zu. Und noch viel kränker, als Sie denken. Aber Ihre Tochter braucht einen Mann, der zu ihr paßt. Sie ist nicht krank, also braucht sie auch keinen Arzt.

ARGAN Für mich braucht sie ihn! Ein anständiges Mädchen muß doch glücklich sein, wenn sie durch ihre Heirat der Gesundheit ihres Vaters dienen kann.

TOINETTE Sagen Sie mal, Herr Argan, darf ich Ihnen einen Rat geben, in aller Freundschaft?

ARGAN Was für einen Rat?

TOINETTE Lassen Sie die Heirat sausen.

ARGAN Warum?

TOINETTE Da macht Ihre Tochter doch nicht mit.

ARGAN Macht nicht mit?

TOINETTE Nein.

ARGAN Meine Tochter?

TOINETTE Ihre Tochter. Sie wird Ihnen sagen, ich will nichts zu tun haben mit diesem Doktor Diafoirus, auch nicht mit Thomas Diafoirus und nichts mit allen Diafoirus auf der ganzen Welt.

ARGAN Aber ich will damit zu tun haben! Ich! Außerdem

ist er eine sehr gute Partie. Doktor Diafoirus hat keinen anderen Erben und dazu überschreibt ihm Herr Purgon, der keine Frau und keine Kinder hat, sein ganzes Vermögen aufgrund dieser Heirat. Und Herr Purgon ist ein Mann mit gut 8000 Pfund Zinsen im Jahr.

TOINETTE Wieviel Menschen muß der umgebracht haben, für so viel Geld!

ARGAN Achttausend Pfund jährlich, das ist schon was, gar nicht gerechnet, was er vom Vater kriegt!

TOINETTE Alles schön und gut, aber ich bleibe dabei: ich rate Ihnen, suchen Sie ihr einen anderen Mann. Sie ist nicht dafür gemacht, Frau Diafoirus zu werden!

ARGAN Sie soll aber!

TOINETTE Sagen Sie das lieber nicht!

ARGAN Wieso soll ich das nicht sagen?

TOINETTE Nein.

ARGAN Und warum soll ich das nicht sagen?

TOINETTE Weil man dann sagen wird, Sie wissen nicht, was Sie sagen!

ARGAN Soll man sagen, was man will, aber *ich* sage, daß ich will, daß sie das Wort einlöst, das ich gegeben habe.

TOINETTE Das tut sie bestimmt nicht!

ARGAN Ich bring sie schon dazu.

TOINETTE Aber sie tuts nicht, sage ich.

ARGAN Sie tuts, oder ich steck sie ins Kloster!

TOINETTE Sie?

ARGAN Ich!

TOINETTE Gut.

ARGAN Wieso gut?

TOINETTE Sie stecken sie nicht ins Kloster!

ARGAN Ich stecke sie nicht ins Kloster?

TOINETTE Nein.

ARGAN Nein?

TOINETTE Nein.

ARGAN Das ist stark! Ich stecke meine Tochter nicht ins Kloster, wenn ich will?

TOINETTE Nein, sag ich Ihnen!

ARGAN Wer hält mich davon ab?

TOINETTE Sie selbst.

ARGAN Ich?

TOINETTE Ja. Das bringen Sie doch nicht fertig.

ARGAN Ich schon!

TOINETTE Sie machen einen Spaß.

ARGAN Ich spaße nicht!

TOINETTE Ein Vaterherz läßt das nicht zu.

ARGAN Vaterherz!

TOINETTE Ein kleines Tränchen oder zwei, die Arme um den Hals, »mein süßes Väterchen« mit zarter Stimme – schon sind Sie weich!

ARGAN Sowas läßt mich kalt.

TOINETTE Ja, ja.

ARGAN Dabei bleibt es, sag ich dir!

TOINETTE Bla, bla.

ARGAN Du, sag nicht bla bla!

TOINETTE Sie sind doch so ein guter Mensch!

ARGAN *wütend:* Ich bin kein guter Mensch! Ich bin furchtbar böse, wenn ich will!

TOINETTE Nicht aufregen, Herr Argan, Sie vergessen, daß Sie krank sind!

ARGAN Ich befehle ihr mit aller Entschiedenheit, den Mann zu nehmen, den ich ihr gebe.

TOINETTE Und ich befehle ihr mit aller Entschiedenheit, ihn nicht zu nehmen.

ARGAN Wo sind wir denn hier! Was nimmt sich denn so ein dummes Stück von einem Dienstmädchen heraus, so mit ihrer Herrschaft zu reden!

TOINETTE Wenn die Herrschaft nicht mehr weiß, was sie tut, dann hat ein Mädchen von Verstand das Recht, einzugreifen.

ARGAN *verfolgt Toinette:* Du Miststück, ich schlag dich tot!

TOINETTE *weicht aus und stellt einen Stuhl zwischen sich und ihn:* Es ist meine Pflicht, Ihre Ehre zu retten!

ARGAN *läuft hinter Toinette her, um den Stuhl herum, mit seinem Stock:* Komm nur, ich bring dir den Ton schon bei!

TOINETTE *springt immer auf die andere Seite:* Ich darf nicht zulassen, daß Sie solchen Unsinn machen!

ARGAN *wie oben:* Du Wanze!

TOINETTE Meine Zustimmung kriegen Sie nie!

ARGAN Miststück!

TOINETTE Ich will nicht, daß sie den Thomas Diafoirus nimmt!

ARGAN Du Aas, du verdammtes!

TOINETTE Auf mich hört sie mehr als auf Sie!

ARGAN *bleibt stehen:* Angélique, halt mir doch das freche Luder fest!

ANGÉLIQUE Aber Vater, machen Sie sich nicht krank!

ARGAN *zu Angélique:* Halt sie fest, oder mein Fluch über dich!

TOINETTE *während sie wegläuft:* Und von mir wird sie enterbt, wenn sie Ihnen gehorcht!

ARGAN *setzt sich auf seinen Stuhl:* Also, das ist mein Tod!
Béline kommt.

ARGAN Ach, meine Frau, kommen Sie her zu mir!

BÉLINE Was ist denn mit Ihnen, mein lieber Mann?

ARGAN Kommen Sie! Helfen Sie mir doch!

BÉLINE Was hat er denn, mein lieber Kleiner!

ARGAN Mein Mummelchen!

BÉLINE Mein Brummelchen!

ARGAN Man hat mich geärgert!

BÉLINE So was, mein kleines Brummelchen, wieso denn?

ARGAN Ihre Toinette, dieses verdammte Luder, wird immer unverschämter!

BÉLINE Nicht aufregen, nur nicht!

ARGAN In Wut hat sie mich gebracht!

BÉLINE Ruhig, mein Kind.

ARGAN Sie hat mir immer widersprochen, eine ganze Stunde lang!

BÉLINE Na, na, ruhig, schön ruhig, ja!

ARGAN Sie hat die Stirn gehabt, mir zu sagen, ich bin nicht krank!

BÉLINE Sie ist eben frech!

ARGAN Sie wissen doch, mein Herzchen, wie es um mich steht!

BÉLINE Ja, mein Herzchen, sie hat ja unrecht!

ARGAN Die bringt mich noch unter die Erde!

BÉLINE Nur still, nur still!

ARGAN Daher kommt es ja, mit meiner Galle, Béline!

BÉLINE Ärgern Sie sich nicht so!

ARGAN Ich habe schon hundertmal gesagt, Sie sollen sie rauswerfen!

BÉLINE Lieber Gott, Kindchen, alle Dienstboten haben ihre Fehler. Man muß sie eben mit in Kauf nehmen. Toinette ist geschickt und ordentlich und tüchtig ist sie auch, und vor allen Dingen ist sie zuverlässig. Und Sie wissen doch, man muß heute vorsichtig sein, wenn man jemand ins Haus nimmt. – Toinette!

TOINETTE Gnädige Frau?

BÉLINE Warum ärgern Sie meinen Mann so?

TOINETTE *sanft:* Ich, gnädige Frau? Ich weiß gar nicht, was Sie meinen. Ich bin doch immer besorgt, daß ichs dem Herrn Argan in allem recht mache!

ARGAN Miststück!

TOINETTE Er hat gesagt, er will seine Tochter an den Sohn des Herrn Diafoirus verheiraten, und da habe ich gesagt, das finde ich eine sehr gute Partie für sie, aber ich finde es noch besser, wenn er sie in ein Kloster schickt.

BÉLINE Das ist doch gar nicht so schlimm. Da hat sie doch eigentlich recht.

ARGAN Ach, mein Liebchen, und Sie glauben ihr noch! Das Weib ist kriminell! Hundert Gemeinheiten hat sie mir gesagt!

BÉLINE Ich glaube Ihnen ja, mein Liebling. So! Kommen Sie jetzt! Hören Sie zu, Toinette, wenn Sie meinen Mann noch einmal ärgern, werfe ich Sie raus! So! Geben Sie mir mal meinen Pelzrock her, und ein paar Kissen, ich will es ihm bequem machen in seinem Sessel. *Zu Argan:* Sie sehen aus, ich weiß gar nicht wie! So! Schön die Mütze über die Ohren ziehen! Die Zugluft! Und an die Ohren! Schon ist der Schnupfen da!

ARGAN Ach, Mummelchen, Sie sind so besorgt um mich!

BÉLINE *legt ihm das Kissen zurecht:* So – ein bißchen aufrichten, und jetzt schiebe ich das drunter. Dies hier unter den Arm und dies hier unter den andern. Und dies hier hinter den Rücken, und dies noch als Stütze für Ihren Kopf.

TOINETTE *stülpt ihm ein Kissen auf den Kopf:* Und das gegen die Luft!

ARGAN *springt wütend auf und wirft alle Kissen Toinette nach, die davonläuft:* Du verdammtes Aas! Du willst mich ersticken!

BÉLINE Nanana, was ist denn?

ARGAN *läßt sich in den Sessel fallen:* Ah – ich kann nicht mehr!

BÉLINE Warum regen Sie sich denn so auf? Sie meint es doch gut.

ARGAN Sie wissen gar nicht, was die für ein boshaftes Luder ist. Ah – ich bin ganz erledigt! Ich komme diesmal mit den acht Medikamenten und den zwölf Klistieren nicht hin.

BÉLINE Schon gut, mein Kleiner, beruhigen Sie sich!

ARGAN Mummelchen! Sie sind mein einziger Trost! Aber ich will Ihre Liebe belohnen! Sie wissen, ich will mein Testament machen.

BÉLINE Ach, reden wir nicht davon, bitte! Ich kann den Gedanken nicht ertragen. Schon das bloße Wort! Testament!

ARGAN Ich hatte Sie doch gebeten, deshalb mit Ihrem Notar zu sprechen.

BÉLINE Er ist nebenan. Ich habe ihn kommen lassen.

ARGAN Schön.

BÉLINE Ach, mein Lieber, wenn man einen Mann wirklich
liebt, kann man an all das gar nicht denken!
Sie führt ihn hinaus.

4.

Arbeitszimmer von Argan. Bonnefoy, Béline, Argan
ARGAN Bitte, nehmen Sie Platz, Herr de Bonnefoy! Meine
Frau hat mir viel Gutes von Ihnen berichtet, sie vertraut
Ihnen wie einem Freund. Und so habe ich ihr den Auftrag
gegeben, mit Ihnen über ein Testament zu sprechen, das
ich machen will.
BÉLINE Ach nein, ich bin wirklich nicht fähig, über solche
Dinge zu reden.
DE BONNEFOY Sie hat mir Ihre Intentionen auseinanderge-
setzt, und welche testamentarischen Verfügungen Sie in
bezug auf Ihre Frau treffen wollen. Dazu muß ich Ihnen
leider eröffnen, daß Sie keinerlei rechtliche Möglichkeit
haben, Ihrer Frau irgend etwas testamentarisch zu vermachen.
ARGAN Aber wieso denn nicht?
DE BONNEFOY Das ist sittenwidrig. In einem Land mit kodi-
fiziertem Recht ließe sich das machen. Aber in Paris und
in den Ländern mit Gewohnheitsrecht wäre eine solche
Verfügung nichtig. Die einzige Möglichkeit für Eheleute,
einander etwas zukommen zu lassen, wäre eine Schenkung bei Lebzeiten. Allerdings dürfen beim Ableben des
einen Ehegatten auf beiden Seiten keine Kinder vorhan-
den sein, weder aus dieser noch aus einer vorher einge-
gangenen Ehe eines der beiden Ehegatten.
ARGAN Das sind ja feine Sitten! Ein Ehemann wird von seiner Frau zärtlich geliebt und umsorgt und dann soll er ihr
nicht einmal etwas vermachen können. Da möchte ich
doch einmal meinen Anwalt konsultieren, um zu sehen,
was da zu machen ist.

DE BONNEFOY Deshalb geht man nicht zu einem Anwalt! Die haben von vornherein grundsätzliche Bedenken und sie halten es immer gleich für ein Kapitalverbrechen, wenn man sich nur ein bißchen am Rande der Legalität bewegt. Das sind penible Leute! Da gibt es andere, die viel flexibler sind, die ihre Methoden haben. Wo kämen wir denn sonst hin! Man hat so eine gewisse Leichtigkeit in diesen Dingen.

ARGAN Meine Frau hat mir ja schon gesagt, daß sie ein sehr fähiger und seriöser Mann sind. Was kann ich also unternehmen, bitte, daß sie mein Vermögen bekommt, anstelle meiner Kinder.

· DE BONNEFOY Was Sie unternehmen können? Sie können sich diskret an einen intimen Freund Ihrer Frau wenden, dem Sie in aller Form testamentarisch soviel vermachen, wie Sie wollen. Und dieser Freund übergibt ihr dann später alles. Außerdem können Sie eine Reihe von Schuldverschreibungen ausstellen zugunsten verschiedener fingierter Gläubiger. Diese geben Ihrer Frau eine schriftliche Erklärung, in der sie sich verpflichten, ihr das Geld auszuhändigen. Oder Sie können ihr auch zu Lebzeiten bares Geld geben oder Wechsel, die auf Sicht zahlbar sind.

BÉLINE Mein Gott, du sollst dich nicht mit solchen Sachen quälen! Wenn du einmal nicht mehr bist, mein Liebster, dann will ich auch nicht mehr auf der Welt sein.

ARGAN Meine Gute!

BÉLINE Ja, mein Liebster, wenn mir das Unglück widerfahren sollte, Sie zu verlieren…

ARGAN Meine liebe Frau…

BÉLINE Das Leben hätte keinen Sinn mehr für mich!

ARGAN Mummelchen!

BÉLINE Ich würde Ihnen in den Tod nachfolgen, um Ihnen meine Treue zu beweisen.

ARGAN Mein Liebes, Sie zerreißen mir das Herz! Nicht weinen, bitte!

DE BONNEFOY Diese Tränen sind etwas verfrüht.

BÉLINE Ach, Herr Notar, Sie wissen ja nicht, was es heißt, einen Mann so über alles zu lieben!

ARGAN Mein großer Kummer wird sein, wenn ich sterbe, mein Liebchen, daß ich kein Kind von Ihnen habe. Doktor Purgon hat doch gesagt, es ließe sich machen.

DE BONNEFOY Es kann ja noch kommen.

ARGAN Jedenfalls will ich jetzt mein Testament machen, so wie es mir der Herr Notar erklärt hat. Aber vorsichtshalber will ich dir zwanzigtausend Francs aushändigen, in Gold. Die habe ich im Geheimfach im Alkoven und außerdem zwei Wechsel auf Sicht, einen von einem Herrn Damon und den anderen von Herrn Gérante.

BÉLINE Nein, nein, ich will nichts von alledem! Wieviel, sagen Sie, sind das in Ihrem Alkoven?

ARGAN Zwanzigtausend Francs, mein Liebchen.

BÉLINE Sprechen Sie nicht von Geld, ich bitte Sie! Und die beiden Wechsel, wieviel?

ARGAN Der eine viertausend, mein Liebchen, und der andere sechs.

BÉLINE Alle Schätze der Welt bedeuten mir nichts, gemessen an Ihnen!

DE BONNEFOY Wollen wir nun das Testament aufsetzen?

ARGAN Ja, Herr Notar. Aber lieber oben in meinem Kabinett. Kommen Sie, meine Liebe, ich bitte Sie!

BÉLINE Kommen Sie, mein armer Mann.

5.

Salon

ARGAN *geht auf und ab:* Jeden Morgen zwölfmal hin und zwölfmal her. Aber jetzt habe ich vergessen zu fragen: meint er in der Länge oder in der Breite?

TOINETTE *kommt zu Cléanthe, der als Musiklehrer verkleidet ist:* Herr Argan, hier ist –

ARGAN Pscht! Leise, dumme Gans! Ich kriege noch eine Gehirnerschütterung. Mit Kranken darf man doch nicht so schreien! Das weißt du doch!

TOINETTE Ich wollte Ihnen sagen, Herr Argan –

ARGAN Leise! Leise! hab' ich gesagt!

TOINETTE Herr Argan – *Sie tut so, als spräche sie.*

ARGAN Wie?

TOINETTE Ich sage, daß – *Sie tut, als spräche sie.*

ARGAN Was sagst du?

TOINETTE *schreit:* Ich sage: Jemand möchte Sie sprechen!

ARGAN Er soll hereinkommen.

CLÉANTHE *kommt näher:* Gnädiger Herr –

TOINETTE Nicht so laut! Herr Argan kriegt eine Gehirnerschütterung!

CLÉANTHE Herr Argan, ich freue mich sehr, daß Sie wieder auf sind, und daß es Ihnen besser geht!

TOINETTE *stellt sich zornig:* Wieso –, daß es ihm besser geht! Das ist nicht wahr! Herrn Argan geht es immer sehr schlecht!

CLÉANTHE Ich hörte, Herrn Argan ginge es besser, und ich finde, er sieht auch ganz gut aus.

TOINETTE Was heißt das, er sieht gut aus! Herr Argan sieht sehr schlecht aus! Wer verbreitet denn so ein dummes Gerücht? Noch nie ist es ihm so schlecht gegangen.

ARGAN Jawohl!

TOINETTE Er geht herum, schläft, ißt, trinkt wie jeder andere. Aber trotzdem ist er schwer krank.

ARGAN So ist es!

CLÉANTHE Das tut mir unendlich leid, Herr Argan! Der Gesangslehrer Ihres Fräulein Tochter schickt mich. Er mußte für ein paar Tage verreisen, und er hat mich, als seinen besten Freund, gebeten, ihn heute zu vertreten. Der Unterricht sollte nicht für längere Zeit unterbrochen werden, das gnädige Fräulein vergißt sonst leicht, was sie bisher gelernt hat.

ARGAN Sehr schön. *Zu Toinette:* Ruf Angélique!

TOINETTE Ich glaube, es ist besser, wenn ich den Herrn in ihr Zimmer führe.

ARGAN Nein, laß sie nur runterkommen.

TOINETTE Er kann sie besser unterrichten, wenn niemand dabei ist.

ARGAN Warum?

TOINETTE Davon kriegen Sie bloß Kopfweh, Herr Argan. In Ihrem Zustand genügt ein Nichts, um Sie aufzuregen. Und schon haben Sie eine Gehirnerschütterung.

ARGAN Ach was! Ich höre gern Musik und ich freue mich, wenn – *Angélique kommt.* Ah, da ist sie ja! *Zu Toinette:* Geh mal und sieh nach, ob meine Frau schon angezogen ist! *Toinette ab.* Komm her, mein Kind! Dein Gesangslehrer hat heute verreisen müssen. Hier, dieser Herr ist von ihm geschickt, um ihn zu vertreten.

ANGÉLIQUE *erkennt Cléanthe, schreit auf.*

ARGAN Was ist denn? Was überrascht dich denn so?

ANGÉLIQUE Es ist –

ARGAN Was ist? Was regt dich denn so auf?

ANGÉLIQUE Es ist – die Überraschung!

ARGAN Wieso?

ANGÉLIQUE Ich habe heute nacht geträumt, ich bin in einer ganz großen Gefahr, und auf einmal steht ein Mann vor mir, der sah genauso aus wie dieser Herr. Da habe ich um Hilfe gerufen, und er hat mich gerettet. Jetzt war ich natürlich überrascht, wie ich den Herrn vor mir sehe, von dem ich die Nacht geträumt habe.

CLÉANTHE Wie glücklich muß sich ein Mann schätzen, der Ihre Gedanken so beschäftigt, bis in Ihre Träume. Wer möchte nicht der Held sein, der Sie aus der Not befreit! Ich würde nichts –

TOINETTE *kommt herein:* Herr Argan, ich bin jetzt ganz auf Ihrer Seite. Ich nehme alles zurück, was ich gestern gesagt habe! Herr Diafoirus, der Vater, und Herr Diafoirus, der Sohn, sind da. Das wird ein Schwiegersohn! Seien Sie gefaßt auf den schönsten, charmantesten Jungen von der Welt. Zwei Worte hat er bloß gesagt, da war ich schon ganz weg. Ihre Tochter kann jubeln.

ARGAN *zu Cléanthe:* Bleiben Sie hier, Herr... Meine Tochter heiratet. Jetzt kommt gerade der Mann, sie hat ihn noch gar nicht gesehen.

CLÉANTHE Wie schön! Und ich als Zeuge einer so erfreulichen Begegnung...

ARGAN Der Sohn eines ausgezeichneten Arztes. In vier Tagen ist Hochzeit.

CLÉANTHE Wunderbar!

ARGAN Sagen Sie doch dem Gesangslehrer, er soll zur Hochzeit kommen.

CLÉANTHE Ich werde es ausrichten.

ARGAN Sie auch, wenn Sie wollen!

CLÉANTHE Ich fühle mich geehrt!

TOINETTE Sie kommen!

Doktor Diafoirus und Thomas Diafoirus kommen.

ARGAN *rückt an seiner Mütze, ohne sie abzunehmen:* Ich darf die Mütze aufbehalten? Strikte Anweisung von Doktor Purgon! Sie sind ja auch von dieser Fakultät, Sie wissen ja, wie es ist.

DR. DIAFOIRUS Wir wollen den Kranken helfen und nicht schaden.

Argan und Doktor Diafoirus sprechen gleichzeitig.

ARGAN Ich weiß die Ehre zu schätzen, Herr Doktor –

DR. DIAFOIRUS Mein Sohn Thomas und ich selbst, Herr Argan –

ARGAN Es wäre mir eine Freude gewesen, meinerseits zu Ihnen zu kommen –

DR. DIAFOIRUS Wir nehmen mit Freude die Ehre an –

ARGAN – aber Sie wissen, wie wenig sich kranke Leute zumuten dürfen –

DR. DIAFOIRUS – mit Ihnen, Herr Argan, eine verwandtschaftliche Beziehung eingehen zu dürfen!

ARGAN Es bleibt mir nur, Ihnen zu versichern –

DR. DIAFOIRUS Und ich versichere Ihnen, –

ARGAN – daß ich bei jeder Gelegenheit Ihnen beweisen werde, –

DR. DIAFOIRUS – daß ich als Mensch und Arzt meine Pflicht darin sehe –

ARGAN – daß ich Ihnen voll und ganz zur Verfügung stehe!

DR. DIAFOIRUS – daß ich Ihnen nach Kräften zur Verfügung stehe!

Zu seinem Sohn.

Komm, Thomas, komm her! Deine Begrüßung!

THOMAS *zu seinem Vater:* Muß ich nicht beim Vater anfangen?

DR. DIAFOIRUS Ja.

THOMAS Herr Argan, hier bin ich und begrüße und erkenne und verehre in Ihnen einen zweiten Vater. Aber einen zweiten Vater, von dem ich zu behaupten wage, daß ich ihm mehr zu Dank verpflichtet bin als dem ersten. Dieser hat mich gezeugt. Sie indessen haben mich auserwählt! Dieser hat der Notwendigkeit gehorcht, als er mich hinnahm, Sie haben mich durch Ihre Güte akzeptiert. Der Sohn des ersten bin ich geworden durch einen körperlichen Akt, der Ihre aber durch einen Akt Ihres Willens. Und um soviel höher als die geistigen Fähigkeiten über den körperlichen stehen, um soviel mehr Dank schulde ich Ihnen und um soviel höher schätze ich diese Ihre zukünftige Vaterschaft ein, für die ich Sie schon heute im voraus bitte, meine zutiefst ergebene und respektvollste Verehrung entgegennehmen zu wollen!

TOINETTE Das sind Schulen, aus denen so ein Kopf herauskommt!

THOMAS War das gut so, Vater?

DR. DIAFOIRUS Optime!

ARGAN *zu Angélique:* Komm jetzt, begrüße den Herrn!

THOMAS *zu Dr. Diafoirus:* Küssen?

DR. DIAFOIRUS Los, ja!

THOMAS *zu Angélique:* Gnädige Frau, gestatten Sie mir, Sie mit dem Namen Schwiegermutter zu bezeichnen, obwohl man nicht verschweigen kann, –

ARGAN Das ist nicht meine Frau, Sie sprechen mit meiner Tochter!

THOMAS Wo ist die denn?

ARGAN Sie wird gleich erscheinen.

THOMAS Soll ich jetzt warten, bis sie kommt, Vater?

DR. DIAFOIRUS Begrüße inzwischen das Fräulein!

THOMAS Gnädiges Fräulein! So wie die Statue des Memnon auf harmonische Weise zu tönen begann, wenn die Sonnenstrahlen auf sie fielen, genauso durchströmt mich ein süßes Gefühl beim Aufgang der Sonne Ihrer Schönheit! Und wie die Naturforscher beobachteten, daß eine gewisse Blume, die den Namen Heliotrop trägt, sich immer wieder dem Tagesgestirn zuwendet, so wird auch mein Herz sich in Zukunft immer wieder Ihren anbetungswürdigen Augen als seinem einzigen Pol zuwenden. Gestatten Sie also, gnädiges Fräulein, daß ich heute auf dem Altar Ihrer Reize als Opfer dieses Herz darbringe, das nach keinem anderen Ruhm dürstet und giert, als ein ganzes Leben lang ihr sehr ergebener, sehr gehorsamer und sehr treuer Diener und Gatte sein zu dürfen.

TOINETTE Klassisch!

ARGAN *zu Cléanthe:* Was sagen Sie dazu?

CLÉANTHE Großartig!

TOINETTE Ja! Wunderbar! Wenn er so gut kuriert, wie er spricht!

ARGAN Los, schnell meinen Stuhl und für die Herrschaften Sessel! Setz dich hierher, mein Kind! Sie sehen, Herr Doktor Diafoirus, alle bewundern Ihren Sohn. Ich beglückwünsche Sie!

DR. DIAFOIRUS Herr Argan, ich sage das nicht als Vater: man kann mit ihm zufrieden sein. Er ist ein lieber Junge. Er war nie ein Phantast. Er ist auch nicht geistreich, was ja heute so modern ist, aber gerade deshalb habe ich immer auf sein gesundes Urteil gesetzt, – conditio sine qua non für den guten Arzt. Schon als Kind war er nie, was man altklug nennt, saß immer da, ruhig, friedlich, schweigsam, sagte keinen Ton, auch alle diese dummen, kindlichen Spielchen machte er nicht mit. Mit neun Jahren hat er noch nicht gelesen. Gut, sagte ich mir, späte Früchte sind die besten, auf Marmor schreibt sichs schwerer als in den Sand, aber die Schrift hält dafür länger! Das Gymnasium war eine Tortur, aber er ließ nicht locker, seine Lehrer haben immer seinen Fleiß und seine Ausdauer gelobt. Er hat gebüffelt und gebüffelt, dann war er glücklich Licentiat. Und ich kann ohne Eitelkeit sagen: kein Kandidat hat bei Disputen in der Fakultät so viel Staub aufgewirbelt wie er. Er ist ein gefürchteter Gegner, keine Diskussion, in der er nicht bis zum Äußersten die gegenteilige Meinung vertritt! Er gibt niemals nach, beharrt streng auf seinen Prinzipien, weicht keinen Millimeter von seiner These ab, und einen Gedankengang verfolgt er bis in die letzten Schlupfwinkel der Logik. Aber was mir an dem Jungen am besten gefällt – darin bin ich sein Vorbild: er hält sich strikt an die Anschauungen der traditionellen Schule, er hat nie etwas von den angeblich neuen Entdeckungen und Erfahrungen wissen wollen, er hat nie den Schwindel mit dem Blutkreislauf mitgemacht und ähnlichen Quark.

THOMAS *zieht eine Broschüre aus der Tasche und überreicht sie Angélique:* Mit Erlaubnis Ihres Herrn Vaters – meine Schrift gegen die Anhänger der Blutkreislauftheorie!

ANGÉLIQUE Ich weiß nicht, was ich damit anfangen soll, von solchen Sachen verstehe ich gar nichts.

TOINETTE Geben Sie's nur her! Das hänge ich an die Wand.

THOMAS *zu Angélique:* Mit Erlaubnis Ihres Herrn Vaters – in der nächsten Woche wird bei uns eine Frauenleiche seziert, ich möchte Sie gern dazu einladen.

TOINETTE Wie nett!

DR. DIAFOIRUS Übrigens, was die Ehetüchtigkeit betrifft: Medizinisch gesehen ist alles in bester Ordnung bei ihm.

Die Zeugungskraft ist einwandfrei und wie er veranlagt ist – man kann da wohl auf gesunde Kinder rechnen.

ARGAN Wollen Sie nicht versuchen, ihn bei Hof unterzubringen?

DR. DIAFOIRUS Offen gestanden, an diesen Kreisen hat mir beruflich nie etwas gelegen. Ich habe mich immer an das breite Publikum gehalten. Die sind viel angenehmer. Da ist man niemand Rechenschaft schuldig. Man hält sich an die bewährten Regeln der Kunst und es kann einem nichts passieren. In den gehobenen Kreisen hat man als Arzt nur Ärger. Kaum sind sie krank, verlangen sie, daß man sie heilt!

TOINETTE Die sind gut! Der Arzt muß sein Honorar bekommen und Rezepte schreiben, gesund werden ist denen ihre Sache.

DR. DIAFOIRUS Richtig! Methodisch exakte Behandlung, darum geht es!

ARGAN *zu Cléanthe:* Herr Cléanthe, bitte, lassen Sie doch meine Tochter den Herrschaften etwas vorsingen!

CLÉANTHE Ich habe schon darauf gewartet, Herr Argan, und ich habe mir gedacht, das Fräulein und ich, wir könnten die Gesellschaft mit einer kleinen Szene aus einer neuen Oper unterhalten.
Er gibt Angélique ein Blatt.
Hier, bitte, Ihre Rolle.

ANGÉLIQUE Ich?

CLÉANTHE *leise zu Angélique:* Machen Sie mit, Sie werden gleich sehen! *Laut:* Ich bin leider stimmlich nicht disponiert, ich bitte Sie zu entschuldigen, daß ich meinen Part nur andeute – aber es geht ja hier um das gnädige Fräulein!

ARGAN Ist es in Versen?

CLÉANTHE Eigentlich ist es eine kleine Stegreifoper, es ist Prosa als Rezitativ und manchmal sind es freie Verse, wie sie spontan entstehen, wenn zwei Menschen miteinander von ihrer Liebe sprechen.

ARGAN Sehr schön. Hören wir uns das an!

CLÉANTHE Die Szene hat folgenden Inhalt: Ein junger
Schäfer steht einer Schäferin bei, die bei einem Fest von
einem groben Menschen belästigt wird. Er kennt sie
nicht. Er sieht es nur als seine Pflicht an, eine Dame zu
beschützen. Als sie sich aber bei ihm bedankt, sieht er
Tränen in ihren Augen und von dem Augenblick an weiß
er, daß er sie liebt. Das Fest geht wie im Traum vorbei,
dann ist sie verschwunden. Er versucht alles, um sie wie-
derzusehen, aber sie hat so strenge Eltern, eine Begegnung ist unmöglich. Er kann nicht mehr ohne sie leben
und er beschließt, um ihre Hand anzuhalten. Vorher fragt
er in einem Brief – den läßt er ihr zustecken – um ihr Ein-
verständnis. Sie sagt ja. Gleichzeitig erfährt er aber, daß
der Vater der Schönen sie verheiraten will, alles ist schon
vorbereitet. Stellen Sie sich die Verzweiflung des Schä-
fers vor! Als er schließlich doch mit einer List in das Haus
seiner Schäferin gelangt, steht dort der unwürdige Rivale,
den der selbstsüchtige Vater ausgesucht hat. Er trium-
phiert schon, der Kerl! Tut so, als hätte ers schon geschafft. Der Schäfer ist außer sich vor Zorn. Er wirft der
Angebeteten schmerzliche Blicke zu. Trotz der Anwe-
senheit des Vaters überwältigt ihn schließlich seine Liebe
und er spricht das folgende zu ihr: *Singt.*
Genug, genug, genug hab ich gelitten, schweig nicht länger, sag was du denkst, mein Schicksal, Phillis, muß ich
wissen, ob du das Leben, ob den Tod du schenkst!

ANGÉLIQUE *singt:*
Du siehst mich, Tirsis, siehst mich hier betrübet,
ich werde wahrscheinlich diesem Mann vermählt!
Ich fleh den Himmel an, obs keine Rettung giebet,
tausendmal lieber hätte ich den Tod gewählt!

ARGAN Bravo, meine Tochter singt vom Blatt! Und bleibt
nicht stecken. Hätte ich nicht gedacht!

CLÉANTHE *singt:*
Ach sag mir, schöne Phillis,

93

ist's möglich, daß dein Tirsis
sich glücklich preisen kann,
daß er dein Herz gewann?

ANGÉLIQUE *singt:*
Nein, länger schweig ich nicht in dieser Pein;
ich liebe, Tirsis, dich,
nur dich allein!

CLÉANTHE *singt:*
O Wort, o schönes Wort,
das mich erlöst von aller Qual,
sag's wieder, sag es noch einmal!

ANGÉLIQUE *singt:*
Ja, Tirsis, ja, ich liebe dich!

CLÉANTHE *singt:*
Noch einmal, Phillis, bitt ich dich!

ANGÉLIQUE *singt:*
Ich liebe dich!

CLÉANTHE *singt:*
Noch einmal, hundertmal und immer wieder!

ANGÉLIQUE *singt:*
Ich liebe dich! Ich liebe dich! Ja,
Tirsis, ja, ich liebe dich!

CLÉANTHE *singt:*
Götter, Könige, denen die Welt zu Füßen liegt,
ist euer Glück dem meinen gleich?
Doch ich denk mit tausend Qualen
an den Nebenbuhler, den Rivalen!

ANGÉLIQUE *singt:*
Ich hasse ihn mehr als den Tod!

CLÉANTHE *singt:* Doch will der Vater dich ganz seinen
Wünschen opfern!

ANGÉLIQUE *singt:*
Ich – wie er mir auch droht –
ich werde mich nicht fügen!
Gib lieber mir den Tod!
Gib lieber mir den Tod!

ARGAN Und was sagt der Vater dazu?

CLÉANTHE Nichts sagt er!

ARGAN Ein dummer Vater, wenn der sich das dumme Zeug anhört, ohne was dazu zu sagen!

CLÉANTHE *will weitersingen:* O, meine Liebe –

ARGAN Aufhören! Das genügt! Dieses Stück gibt ein schlechtes Beispiel. Der Schäfer Tirsis ist ein frecher Kerl und die Schäferin Phillis ein unverschämtes Ding! So von ihrem Vater zu sprechen! Zeigen Sie mir mal das Notenblatt! Wo steht denn das, was Sie gesungen haben? Ich seh ja bloß Noten!

CLÉANTHE Wissen Sie das noch nicht, Herr Argan? Man hat kürzlich eine Methode gefunden, Worte als Noten zu schreiben.

ARGAN Sehr schön. Habe die Ehre, Herr Musiklehrer, bis zum nächsten Mal, Ihre dumme Singerei hätten wir gut entbehren können!

CLÉANTHE Ich glaubte Sie damit zu unterhalten!

ARGAN Unverschämtheit ist nicht unterhaltend! – Ah, da kommt ja meine Frau!

Cléanthe ab, Béline kommt.

ARGAN Mein liebes Herz, dies ist der Sohn von Doktor Diafoirus.

THOMAS *beginnt mit seiner auswendig gelernten Begrüßung:* Gnädige Frau, gestatten Sie mir, Sie mit dem Namen Schwiegermutter zu bezeichnen, obwohl man nicht verschweigen kann –

BÉLINE *unterbricht:* Ich freu mich, daß ich gekommen bin, um die Ehre zu haben, Sie sehen zu können!

THOMAS – obwohl man nicht verschweigen kann – obwohl nicht verschwiegen werden kann –, gnädige Frau, Sie haben mich mitten im Satz unterbrochen, jetzt bin ich durcheinander!

DR. DIAFOIRUS Spars dir auf für ein ander Mal, Thomas.

ARGAN Du hättest eben dabei sein sollen, mein Herzchen!

TOINETTE Da haben Sie was versäumt, gnädige Frau. Den

zweiten Vater, die Memnonstatue und den Heliotrop –
das ist 'ne Blume.

ARGAN Jetzt komm, mein Kind, reiche dem Herrn die Hand
und versprich ihm die Treue als deinem zukünftigen
Mann.

ANGÉLIQUE Vater!

ARGAN Was, Vater! Was soll das heißen?

AGGÉLIQUE Bitte, Vater, überstürzen Sie nichts! Lassen Sie
uns doch ein bißchen Zeit! Wir müssen uns doch erst ken-
nenlernen, es muß doch vorher erst ein bißchen Zuneigung entstehen.

THOMAS Bei mir ist sie schon entstanden, gnädiges Fräulein,
von mir aus brauchen wir nicht zu warten.

ANGÉLIQUE Bei Ihnen vielleicht, aber bei mir nicht. Soviel
Eindruck haben Ihre Vorzüge auf mich noch nicht gemacht.

ARGAN Schon gut, laß nur. Die Liebe kommt mit der Ehe.

ANGÉLIQUE Ach, Vater, drängen Sie mich doch nicht, bitte!
– Und wenn Sie, Herr Diafoirus, nur das Geringste von
sich halten – Sie können doch unmöglich ein Mädchen
heiraten wollen, das man dazu gezwungen hat.

THOMAS Nego consequentiam, gnädiges Fräulein, ich kann
viel von mir halten und Sie trotzdem aus den Händen Ihres Vaters entgegennehmen.

ANGÉLIQUE Mit Gewalt gewinnt man keine Liebe!

THOMAS Wir lesen bei den Alten, daß es damals üblich war,
die Töchter, die man heiraten wollte, mit Gewalt aus dem
Vaterhaus zu entführen, damit es so aussah, als hätten sie
sich dem Mann an den Hals geworfen.

ANGÉLIQUE Die Alten sind die Alten und wir sind von
heute! So ein Theater ist heutzutage nicht mehr nötig.
Wenn wir heiraten wollen, dann heiraten wir, ohne daß
einer uns wegschleppt. Wenn Sie mich lieben, müssen Sie
auch meine Wünsche erfüllen.

THOMAS Ja, gnädiges Fräulein, – ausgenommen diejenigen,
die für meine Liebe von Nachteil sind.

ANGÉLIQUE Aber Liebe heißt, daß man sich dem Willen der Geliebten unterwirft!

THOMAS Distinguo, gnädiges Fräulein: in allem was nicht mein Recht auf Sie betrifft concedo, soweit es dies aber beeinträchtigt, nego.

TOINETTE Da können Sie lang reden, der Herr kommt frisch von der Universität, der hat immer das letzte Wort. Warum sträuben Sie sich eigentlich? Das ist doch eine Ehre, wenn man dem Lehrkörper der Fakultät angehört!

BÉLINE Vielleicht hat sie irgendeine Liebschaft im Kopf!

ANGÉLIQUE Wenn ich eine hätte, dann wäre es auch etwas vernünftiges und wäre moralisch zu vertreten.

ARGAN Was denn! Ich spiele wohl hier überhaupt keine Rolle mehr!

BÉLINE Ich an Ihrer Stelle, mein Liebster, ich würde sie nicht zur Heirat zwingen. Ich wüßte schon, was ich täte.

ANGÉLIQUE Ich weiß schon, was Sie sagen wollen! Ihre Güte kenne ich! Aber vielleicht haben Sie doch Pech mit Ihren guten Ratschlägen!

BÉLINE Selbst gut erzogene Töchter wie Sie finden es heute unnötig, ihrem Vater zu gehorchen! Das war zu meiner Zeit anders!

ANGÉLIQUE Der Gehorsam hat Grenzen. Sie können mich mit Ihrer Vernunft und mit Ihren Gesetzen nicht zu allem zwingen!

BÉLINE Das heißt also, Sie wollen unbedingt heiraten, aber der Mann muß nach Ihrem Kopf sein.

ANGÉLIQUE Gut, mein Vater will mir nicht den Mann geben, der mir gefällt, dann soll er mich wenigstens nicht dazu zwingen, einen zu heiraten, den ich nicht liebe.

ARGAN Bitte, meine Herren, verzeihen Sie, verzeihen Sie!

ANGÉLIQUE Jeder nach seinem Geschmack. Ich, ich möchte einen Mann, den ich wirklich liebe. Und dem will ich auch mein Leben lang angehören. Und deshalb bin ich vorsichtig. Es gibt ja welche, die heiraten nur, um von ihren Eltern wegzukommen, damit sie machen können, was sie wollen. Und es gibt auch welche, die aus ihrer Heirat ein feines Geschäft machen, die nur heiraten, um Witwen zu werden, um sich am Tod ihres Mannes zu bereichern. So nehmen sie einen nach dem andern, bloß der Beute wegen. Solche Frauen machen natürlich nicht viel Umstände, der Mann ist ihnen sowieso egal.

BÉLINE Sie sind ja heute ganz schön spitz! Ich möchte doch ganz gern wissen, was du damit sagen willst.

ANGÉLIQUE Ich? Ich will sagen, was ich gesagt habe.

BÉLINE Du redest so albern daher, mein liebes Kind, das ist kaum auszuhalten.

ANGÉLIQUE Sie möchten wohl, daß ich Sie beleidige –, den Gefallen werde ich Ihnen nicht tun.

BÉLINE Beispiellos, diese Frechheit!

ANGÉLIQUE Geben Sie sich keine Mühe!

BÉLINE Du bist so unverschämt und überheblich, da kann man nur den Kopf schütteln.

ANGÉLIQUE Es nützt Ihnen nichts, ich bleibe leider ruhig. Geben Sie die Hoffnung auf, denn ich verschwinde jetzt aus Ihren Augen.

ARGAN *zu Angélique, die hinausgeht:* Hör zu, entweder – oder: Du heiratest in vier Tagen den Mann, oder ins Kloster: *Zu Béline:* Machen Sie sich keine Sorgen, ich kriege sie schon soweit.

BÉLINE Ich muß Sie jetzt leider verlassen, mein Schatz, aber ich muß etwas in der Stadt erledigen, das kann ich nicht aufschieben. Ich bin bald wieder bei Ihnen.

ARGAN Gehn Sie nur, meine Liebe! Und gehn Sie eben beim Notar vorbei, damit er das – Sie wissen schon – in Ordnung bringt.

BÉLINE Auf Wiedersehen, Liebster! *Ab.*

ARGAN Wie mich diese Frau liebt, – unglaublich!

DR. DIAFOIRUS Wir möchten uns jetzt auch von Ihnen verabschieden.

ARGAN Ach, bitte sagen Sie mir doch, Herr Doktor, wie es um mich steht.

DR. DIAFOIRUS *fühlt ihm den Puls:* Rasch, Thomas, nimm den andern Arm, ob du seinen Puls richtig beurteilen kannst. Quid dicis?

THOMAS Dico, der Puls des Herrn ist der Puls eines Menschen, der nicht ganz auf der Höhe ist.

DR. DIAFOIRUS Gut!

THOMAS Er ist duriusculus, um nicht zu sagen: durus.

DR. DIAFOIRUS Sehr gut!

THOMAS Stoßend.

DR. DIAFOIRUS Bene.

THOMAS Sogar ein bißchen stolpernd.

DR. DIAFOIRUS Optime!

THOMAS Was auf eine Stauung im Parenchymo splenico hinweist, also in der Milz.

DR. DIAFOIRUS Sehr gut!

ARGAN Nein, Doktor Purgon hat gesagt, es ist die Leber!

DR. DIAFOIRUS Ja, ja, wer Parenchymo sagt, meint sowohl das eine wie das andere, wegen der engen Sympathie, in der sie zueinander stehen, vermittels des Vas breve, des Pylorus und sehr oft auch des Meatus cholidochus. Er empfiehlt Ihnen sicher Gebratenes?

ARGAN Nein, ausschließlich Gekochtes.

DR. DIAFOIRUS Meine ich auch: gebraten oder gekocht, es ist dasselbe. Er ist sehr gewissenhaft. Sie könnten nicht in besseren Händen sein.

ARGAN Herr Doktor, wieviel Körner Salz muß ich aufs Ei streuen?

DR. DIAFOIRUS Sechs, acht, zehn, immer gerade Zahlen. Und bei Medikamenten immer die ungrade Tropfenzahl.

ARGAN Auf Wiedersehn, meine Herren!

Dr. Diafoirus und Thomas ab. − Béline kommt noch einmal herein.

BÉLINE Noch rasch, ehe ich weggehe, mein Schatz: als ich eben an Angéliques Zimmer vorbeikam, war ein junger Mann bei ihr. Wie er mich gesehn hat, ist er schnell fort.

ARGAN Ein junger Mann? Bei meiner Tochter?

BÉLINE Ja. Die kleine Louison war auch dabei. Die kann Ihnen mehr darüber sagen.

ARGAN Schicken Sie sie her, mein Schätzchen! *Béline ab.* Schamlos! Jetzt wundre ich mich über nichts mehr! *Louison kommt.*

LOUISON Was willst du von mir, Papa? Meine Stiefmutter hat mir gesagt, ich soll zu dir kommen.

ARGAN Ja. Komm her. Näher. Dreh dich mal um. Schau mich an. In die Augen. So! Na?

LOUISON Was?

ARGAN Na?

LOUISON Was?

ARGAN Hast du mir nicht etwas zu erzählen?

LOUISON O ja! Ich kann dir erzählen vom Fuchs und von den Trauben. Der Fuchs wollte eines Tages…

ARGAN Das will ich nicht hören.

LOUISON Was denn, Papa?

ARGAN Du weißt genau, was ich meine.

LOUISON Was meinst du denn, Papa?

ARGAN Also so gehorchst du!

LOUISON Wie?

ARGAN Hab ich dir nicht befohlen, du sollst mir alles sofort erzählen, was du siehst?

LOUISON Ja, Papa.

ARGAN Und? Hast du das getan?

LOUISON Ja, Papa. Ich habe immer alles erzählt, was ich gesehn habe.

ARGAN Und heute? Hast du nichts gesehn?

LOUISON Nein, Papa.

ARGAN Nein?

LOUISON Nein, Papa.

ARGAN Ganz sicher nicht?

LOUISON Ganz sicher nicht.

ARGAN So. Dann will ich dir einmal etwas zeigen. *Er holt einen Stock hervor.*

LOUISON Nein, Papa!

ARGAN So, du kleines Biest, du sagst mir also nicht, daß du einen Mann im Zimmer deiner Schwester gesehn hast!

LOUISON *weint:* Papa!

ARGAN *packt sie am Arm:* Das soll dich lehren, mich anzulügen!

LOUISON *fällt auf die Knie:* Ach, Papa! Bitte verzeih mir! Bitte! Angélique hat gesagt, ich darf nichts davon sagen, aber ich sage jetzt alles.

ARGAN Erst kriegst du den Stock, weil du gelogen hast. Dann sehn wir weiter.

LOUISON Verzeih mir, Papa!

ARGAN Nein, nein.

LOUISON Lieber, lieber Papa, bitte, hau mich nicht.

ARGAN Doch. Du kriegst es.

LOUISON Lieber Gott, bitte, hau mich nicht!

ARGAN *legt sie übers Knie, will sie schlagen:* Komm her! Komm!

LOUISON Au, Papa! Du hast mich verletzt! Ich bin tot! *Sie stellt sich tot.*

ARGAN He! Was soll das sein? Louison! Louison! Mein Gott! Louison! Kind! Was hab ich getan? Der Stock! – Der verdammte Stock! Mein armes Kind! Meine arme kleine Louison!

LOUISON Papa! Weine nicht so. Ich bin noch nicht ganz tot.

ARGAN Du bist mir eine! – Diesmal laß ichs noch durchgehen. Aber unter der Bedingung, daß du mir alles erzählst.

LOUISON Ja, ja, Papa.

ARGAN Nimm dich in acht! Hier ist mein kleiner Finger, der weiß alles und sagt mir sofort, wenn du mich anlügst.

LOUISON Aber sag dann bloß nicht meiner Schwester, daß ich dir alles erzählt habe.

ARGAN Bestimmt nicht.

LOUISON Da ist ein Mann in das Zimmer gekommen, wo ich auch gerade drin war.

ARGAN Und? Weiter?

LOUISON Ich habe ihn gefragt, wer er ist, da hat er gesagt, er ist der Gesangslehrer.

ARGAN Da haben wirs. – Weiter?

LOUISON Dann ist meine Schwester gekommen.

ARGAN Und dann?

LOUISON Sie hat gesagt: Gehn Sie fort!

ARGAN Und weiter?

LOUISON Er wollte aber nicht fort.

ARGAN Und was hat er gesagt?

LOUISON Er hat zu ihr gesagt – das weiß ich nicht mehr alles.

ARGAN Und weiter?

LOUISON Er hat gesagt, er hat sie sehr lieb. Und sie ist die Schönste.

ARGAN Und dann?

LOUISON Dann ist er auf die Knie gefallen.

ARGAN Und weiter?

LOUISON Dann hat er ihr die Hände geküßt.

ARGAN Und dann?

LOUISON Dann ist die Stiefmutter gekommen und da ist er weggelaufen.

ARGAN Und sonst ist nichts passiert?

LOUISON Nein, Papa.

ARGAN Da ist aber mein kleiner Finger! Der murmelt noch was! *Er legt den Finger ans Ohr.* Warte! – Wie? Aha! Ja! Aha! Da sagt mir mein kleiner Finger noch etwas, was du auch gesehen hast.

LOUISON Papa! Dein kleiner Finger lügt.

ARGAN Nimm dich in acht!

LOUISON Nein, Papa! Glaubs ihm nicht! Er lügt! Ganz bestimmt!

ARGAN Na gut. Wir werden ja sehn. Jetzt geh und paß gut auf alles auf. *Louison geht hinaus.* Es gibt keine Kinder mehr. Was für Strapazen. Ich kann mich nicht einmal mehr um meine Krankheit kümmern. *Er sinkt in seinen Sessel.* Ich kann nicht mehr. Es geht mit mir zu Ende.

Argans Schlafzimmer. Argan liegt im Bett. Béralde, Toinette.

ÉRALDE Bruder! Wie geht es denn? Wie fühlst du dich?

ARGAN Ach, Bruder, schlecht, schlecht!

BÉRALDE Schlecht?

ARGAN Ich fühle mich so schwach, ich kann es dir gar nicht sagen.

BÉRALDE Das tut mir leid.

ARGAN Ich kann kaum noch sprechen.

BÉRALDE Ich bin gekommen, um dir eine Partie für meine Nichte Angélique vorzuschlagen.

ARGAN *fährt in seinem Bett hoch und schreit:* Nichts! Kein Wort mehr von dieser verdammten, von dieser verdammten... so ein unverschämtes, vorlautes Stück! Die kommt heute noch ins Kloster!

BÉRALDE Siehst du! Jetzt kommst du wieder zu Kräften! Mein Besuch muntert dich offensichtlich auf. Hör zu, wollen wir jetzt einmal ernsthaft miteinander reden? Aber bitte, rege dich nicht auf!

ARGAN Aufregen? Wieso denn?

BÉRALDE Und antworte mir sachlich, ohne gleich wütend zu werden.

ARGAN Schon gut.

BÉRALDE Wir wollen alles in Ruhe besprechen, ganz nüchtern.

ARGAN Ja, ja! Laß doch deine langen Einleitungen!

BÉRALDE Mein lieber Bruder, du bist ein reicher Mann und hast eine Tochter – die Kleine kann man ja noch nicht rechnen – und jetzt willst du diese eine Tochter ins Kloster schicken? Kannst du mir das erklären?

ARGAN Erklären! Dann erklärst du mir vielleicht, warum ich immer noch der Herr im Hause bin und warum ich mit meiner Familie machen kann, was *ich* für richtig halte!

BÉRALDE Deine Frau redet dir ja unaufhörlich ein, daß du

deine Töchter unterbringen sollst, aus purer christlicher Nächstenliebe natürlich! Als fromme Schwestern wären sie sicher sehr gut aufgehoben.

ARGAN Ah, da haben wirs wieder! Es ist wieder mal meine arme Frau! Die soll wieder an allem schuld sein!

BÉRALDE Aber nein, deine Frau meint es sehr gut mit der ganzen Familie! Wunderbar, wie sie zu dir ist! Und zu den Kindern! Sie opfert sich richtig auf, sie ist die Güte selbst. Unglaublich! Aber davon wollen wir ja nicht reden. Es geht um deine Tochter. Warum soll sie eigentlich einen Arzt heiraten?

ARGAN Darum, weil ich dann genau den Schwiegersohn kriege, den ich brauche.

BÉRALDE Ich wüßte eine weit passendere Partie für sie.

ARGAN Für mich paßt die genug.

BÉRALDE Sag mal, lieber Bruder, wer soll den Mann nun eigentlich heiraten, sie oder du?

ARGAN Beide.

BÉRALDE Ich glaube, du würdest sie sogar mit einem Pillendreher verheiraten!

ARGAN Warum nicht?

BÉRALDE Ärzte und Apotheker – hast du denn nichts anderes mehr im Hirn? Willst du denn unbedingt, der Natur zum Trotz, immer krank sein?

ARGAN Was willst du damit sagen?

BÉRALDE Ich will damit sagen, daß ich keinen Menschen kenne, der so wenig krank ist wie du! Ich wollte, ich hätte deine Gesundheit, deine Konstitution! Dein Organismus ist unverwüstlich, sonst wärst du doch an den tausend Verordnungen und Medikamenten längst eingegangen.

ARGAN Und ich sage dir, nur noch die halten mich am Leben! Doktor Purgon hat es mir immer wieder gesagt – drei Tage ohne Behandlung, und ich bin ein toter Mann!

BÉRALDE Er behandelt dich so lange, bis er dich ins Jenseits befördert hat!

ARGAN Aber sag doch mal im Ernst, Bruder, glaubst du wirklich nicht an die Medizin?

BÉRALDE Ich halte sie für sinnlos, – nicht nur das: ich finde, sie ist der größte Unfug, den sich Menschen jemals ausgedacht haben! Ich sehe es mehr vom philosophischen Standpunkt: und da erscheint mir das ganze wie ein Affentheater. Da kommt einer und will einen anderen heilen – lachhaft!

ARGAN Warum soll denn der eine den andern nicht heilen können?

BÉRALDE Deshalb, weil wir immer noch nicht wissen, was diese Maschine in Bewegung setzt.

ARGAN Du meinst also, die Ärzte wissen gar nichts?

BÉRALDE Doch, sehr viel: von allen Krankheiten die griechischen Namen. Und sie sprechen ein vorzügliches Latein.

ARGAN Aber es gibt doch Leute, die genau so klug sind wie du, die holen auch den Arzt, wenn sie krank sind.

BÉRALDE Das ist nur ein Beweis für ihre menschliche Schwäche, nicht für den Wert der Medizin.

ARGAN Aber die Ärzte behandeln sich doch auch selbst, schließlich!

BÉRALDE Ja, weil sie an ihre eigenen Irrtümer glauben, wenigstens einige. Verständlich – sie leben ja auch ganz gut davon. Dein Freund Purgon zum Beispiel, der ist durch und durch Arzt und glaubt an seine Methoden wie an mathematische Gesetze. Man darf es ihm um Gottes Willen nicht übel nehmen, wenn er dich zu Tode kuriert! Er befördert dich mit dem besten Gewissen und mit der lautersten Absicht ins Jenseits. Mit seiner Frau und seinen Kindern würde er es auch nicht anders machen. Notfalls sogar mit sich selber.

ARGAN Was soll man denn dann machen, wenn man krank ist.

BÉRALDE Gar nichts!

ARGAN Gar nichts?

BÉRALDE Nein, gar nichts. Sich bloß ruhig verhalten. Die
Natur gewähren lassen, sie bringt von selbst alles wieder
in Ordnung. Die Ärzte und unsere Ungeduld, die verpfu-
schen alles. Die meisten Menschen sterben nicht an ihren
Krankheiten, sondern an den Medikamenten.

ARGAN Sehe schon! Du bist eine medizinische Leuchte! Ich
wollte bloß, einer von den Herren Doktoren wäre jetzt
hier, um dir den Mund zu stopfen.

BÉRALDE Lieber Bruder, es liegt mir völlig fern, die Medizin
zu attackieren. Soll doch jeder auf eigene Gefahr glauben, was er will! Was ich hier sage, das bleibt unter uns.
Ich hätte dich nur gern von deinem Tick befreit. – Es gibt
ein Molière-Stück über dieses Thema, da würde ich dich
am liebsten mal mitnehmen, es würde dir bestimmt Spaß
machen!

ARGAN Ein unverschämter Kerl, dieser Molière, mit seinen
Komödien! Das finde ich nicht sehr spaßig, wenn man
über ehrenwerte Leute wie die Ärzte herzieht.

BÉRALDE Er zieht nicht über die Ärzte her, sondern über
den medizinischen Blödsinn.

ARGAN Gerade der hats nötig, sich da reinzumischen! Ein
hergelaufener dummer Kerl, ein unverschämter kleiner
Pinscher stellt sich da hin und macht sich über Verordnungen und Konsultationen lustig. Geht auf die ganze
Ärzteschaft los! Und zerrt schamlos so ehrenwerte Leute
wie diese Herren auf die Bühne!

BÉRALDE Was soll er denn sonst auf die Bühne zerren? Es
werden ja auch Prinzen und Könige auf die Bühne gebracht, die sind ja auch aus gutem Haus.

ARGAN Wenn ich Arzt wäre! Ich würde ihm das heimzah-
len! Er wird ja auch mal krank, dann würde ich ihn ab-
kratzen lassen, ohne jede Hilfe. Dann könnte er jammern
und schreien, ich würde ihm nicht den geringsten Aderlaß
– nichts würde ich machen! Ich würde sagen: Krepier
doch! Krepier! Das soll dir eine Lehre sein! Das nächste
Mal machst du dich nicht mehr lustig über unsere Fakul-

tät! Krepier doch! – Laß, Bruder, reden wir jetzt nicht länger über diesen Schmierer, sonst kommt mir die Galle hoch. Dann bist du schuld, wenn sich mein Zustand verschlimmert.

BÉRALDE Also, um auf ein anderes Thema zu kommen: du darfst doch deine Tochter nicht gleich ins Kloster stecken, wenn sie mal ein bißchen bockt! Laß dich doch nicht so hinreißen! Einen Schwiegersohn muß man leidenschaftslos beurteilen. In dieser Sache muß man ein bißchen Rücksicht auf die Tochter nehmen, die muß ja ihr Leben lang mit dem Mann auskommen. Ihr Lebensglück hängt davon ab –

Herr Fleurant kommt mit einer Klistierspritze.

ARGAN Du erlaubst doch?

BÉRALDE Was willst du denn?

ARGAN Rasch ein Klistierchen. Es ist gleich geschehen.

BÉRALDE Du bist wohl verrückt? Kannst du denn nicht eine Minute ohne Klistier und ohne Medizin sein? Spar dir das jetzt und leg mal Pause ein.

ARGAN Bitte, Herr Fleurant, vielleicht besser heute abend oder morgen früh.

FLEURANT *keift Béralde an:* Was geht Sie das an? Was fällt Ihnen denn ein, den Patienten zu hindern, sein Klistier zu nehmen? Unverschämtheit!

BÉRALDE Herr Doktor, ich sehe, Sie sind nicht gewöhnt, mit Gesichtern zu sprechen.

FLEURANT *keift:* Ich gestatte es nicht! Das ist eine Kur, damit spaßt man nicht. Meine kostbare Zeit! Es ist verordnet, deshalb bin ich hier! Ich werde es Doktor Purgon sagen, daß man mich hindert, daß man mich hindert – Sie werden sehen!

Fleurant ab.

ARGAN Das gibt ein Unglück, Bruder! Und du bist schuld!

BÉRALDE Ein furchtbares Unglück, wenn du mal ein Klistier nicht nimmst! Von Herrn Purgon verordnet!

107

ARGAN Du redest wie einer, dem es gesundheitlich gut geht. Wenn du in meiner Lage wärst, würdest du anders reden. Es ist leicht, über die Ärzte herzuziehen, wenn man kerngesund ist!

BÉRALDE Aber was fehlt dir denn eigentlich?

ARGAN Du machst mich noch rasend! Du solltest meine Krankheit haben, dann möchte ich sehen, was du dann redest! – Da kommt Doktor Purgon!

Doktor Purgon kommt.

PURGON Da höre ich ja schöne Dinge. Man macht sich hier über meine Verordnungen lustig? Man weigert sich, die verschriebenen Mittel zu nehmen?

ARGAN Herr Doktor, ich...

PURGON Das ist ungeheuerlich! Das ist nichts anderes als der Aufstand des Kranken gegen den Arzt!

TOINETTE Furchtbar!

PURGON Ein Klistier, das ich persönlich zusammengestellt habe.

ARGAN Ich bins nicht gewesen!

PURGON Nach allen Regeln der ärztlichen Kunst!

TOINETTE Das darf man nicht!

PURGON Es hätte den Darm wunderbar erfrischt!

ARGAN Mein Bruder hat...

PURGON Höhnisch abgewiesen!

ARGAN Er... er...

PURGON Unerhört!

TOINETTE Unerhört!

PURGON Ein Attentat gegen die Medizin!

ARGAN *deutet auf Béralde:* Er hat... er...

PURGON Ein Verbrechen gegen die Fakultät! Das kann man nicht ungestraft hinnehmen!

TOINETTE Sehr richtig!

PURGON Ich erkläre Ihnen, daß ich jeden Verkehr mit Ihnen abbreche!

ARGAN Es war mein Bruder –

PURGON Keine familiäre Bindung zwischen uns!

108

TOINETTE Sehr gut!

PURGON Schluß damit! Mein Neffe bekommt auch die Schenkung nicht, die ich im Hinblick auf seine Heirat machen wollte!

ARGAN *steht auf, geht auf Dr. Purgon zu:* Mein Bruder ist an allem schuld!

PURGON *wendet sich ab:* Mein Klistier zu verweigern!

ARGAN *flehentlich:* Lassen Sie es bringen. Ich nehme es sofort!

PURGON *geht weg:* Es hätte Ihnen sofort geholfen.

TOINETTE Er verdient es gar nicht!

PURGON Ich war dabei, Ihren Körper zu reinigen und von allen schlechten Säften zu entschlacken!

ARGAN *läuft Purgon nach:* Mein Bruder war es!
Sie laufen durchs Haus.

PURGON Nur noch ein Dutzend Einläufe, und wir hätten alles herausgehabt!

TOINETTE Er verdient Ihre Mühe gar nicht!

PURGON Aber Sie wollen ja nicht von mir geheilt werden. Nun gut!

ARGAN Es war nicht meine Schuld!

PURGON Sie *wollen* ja den ärztlichen Vorschriften nicht gehorchen! Nun gut!

TOINETTE Das schreit nach Rache!

PURGON Sie verweigern die von mir verordneten Mittel! Nun gut!

ARGAN Gar nicht! Nein!

PURGON Da habe ich Ihnen nur noch zu sagen, daß ich Sie Ihrer schlechten Konstitution überlasse, Ihren zerrütteten Gedärmen, Ihrem verdorbenen Blut, Ihrer verwüsteten Galle und Ihrem trägen Schleim!

TOINETTE Nun gut!

ARGAN Mein Gott!

PURGON Und ich wünsche Ihnen, daß Sie in vier Tagen unheilbar krank sind.

ARGAN Entsetzlich!

109

PURGON Daß Sie in die Bradypepsie fallen!

ARGAN Herr Doktor Purgon!

PURGON Von der Bradypepsie in die Dyspepsie!

ARGAN Herr Doktor Purgon!

PURGON Von der Dyspepsie in die Apepsie!

ARGAN Herr Doktor Purgon!

PURGON Von der Apepsie in die Lienterie!

ARGAN Herr Doktor Purgon!

PURGON Von der Lienterie in die Dysenterie!

ARGAN Herr Doktor Purgon!

PURGON Von der Dysenterie in die Hydropsie!

ARGAN Herr Doktor Purgon!

PURGON Und von der Hydropsie in die Agonie! *Ab.*

7.

Arbeitszimmer von Argan. Argan allein.

ARGAN Um Gottes Willen! Ich bin tot! Bruder! Du hast
mich auf dem Gewissen!

BÉRALDE *kommt:* Was? Was ist denn?

ARGAN Ich kann nicht mehr. Ich spür es schon. Die Medizin
rächt sich an mir.

BÉRALDE Du bist verrückt geworden. Wenn dich jemand in
diesem Zustand sieht! Komm doch zu dir! Diese Wahnideen! Löse dich doch mal endlich davon!

ARGAN Du hast doch gehört, was er mir für Krankheiten
angedroht hat.

BÉRALDE Du bist ein Schwachkopf!

ARGAN Keine vier Tage, und ich bin unheilbar, hat er gesagt.

BÉRALDE Hat er gesagt! Hat er gesagt! Ist dein Purgon denn
der liebe Gott? Sieh doch endlich ein, daß die Wurzeln
deines Lebens in dir selber liegen. Purgons Zorn kann
dich nicht umbringen und seine Medikamente machen
dich nicht unsterblich. Jetzt hast du eine Gelegenheit, die

Doktoren loszuwerden. Oder hol dir wenigstens einen besseren, wenn du schon nicht ohne auskommst.

ARGAN Aber dieser hier kennt meine Konstitution. Er weiß genau, worauf ich anspreche.

BÉRALDE Nicht zu retten!

TOINETTE *kommt:* Herr Argan, draußen ist ein Arzt, der möchte Sie sprechen.

ARGAN Was für ein Arzt denn?

TOINETTE Ein medizinischer Doktor der Medizin.

ARGAN Wer ist es, frage ich!

TOINETTE Keine Ahnung. Aber er sieht genau aus wie ich, so eine Ähnlichkeit! Wie zwei Wassertropfen! Ich weiß ja, daß meine Mutter eine anständige Frau war, – sonst würde ich sagen, da ist jetzt noch ein Brüderchen aufgetaucht.

ARGAN Laß ihn kommen.

Toinette ab.

BÉRALDE Das klappt ja! Ein Arzt gibt dich auf, schon kommt der nächste.

ARGAN Ich fürchte, du hast ein großes Unheil angerichtet.

BÉRALDE Fängst du schon wieder an!

ARGAN Alle diese Krankheiten, ich kenne nicht mal ihre Namen, die drücken mir das Herz ab.

TOINETTE *kommt, als Arzt verkleidet:* Verehrter Herr, gestatten Sie, daß ich einen Besuch bei Ihnen mache, um Ihnen meine bescheidenen Dienste anzubieten für sämtliche Aderlässe und Klistiere, deren Sie bedürfen.

ARGAN Vielen Dank, Herr Doktor! *Zu Béralde.* Toinette! Ganz genau Toinette!

TOINETTE Bitte, entschuldigen Sie mich einen Augenblick! Ich habe vergessen, meinem Assistenten einen Auftrag zu geben. Ich bin gleich wieder da. *Ab.*

ARGAN Sieht er nicht aus wie Toinette in Person?

BÉRALDE Verblüffend! Aber so etwas gibt es ja öfter. Die Geschichte ist voll von solchen Naturphänomenen.

ARGAN Ich wundere mich jedenfalls und...

TOINETTE *kommt in ihren Kleidern wieder:* Was wünschen Sie, Herr Argan?

ARGAN Wieso?

TOINETTE Sie haben mich doch gerufen.

ARGAN Ich? Nein.

TOINETTE Dann habe ich wohl Ohrensausen.

ARGAN Bleib ruhig mal hier. Ich will euch mal nebeneinander sehen, dich und diesen Arzt.

TOINETTE *geht hinaus:* Schon gut, ja! Ich habe draußen was zu tun, und den Herrn kenne ich ja auch schon.

ARGAN Hätte ich sie nicht beide gesehen, würde ich glauben, es ist *eine* Person.

BÉRALDE Über solche Art von Ähnlichkeit habe ich schon verblüffende Dinge gelesen. Da ist es vorgekommen, daß einfach *jeder* sich getäuscht hat.

ARGAN Ich hätte mich hier bestimmt täuschen lassen. Ich hätte geschworen: das ist *eine* Person.

TOINETTE *kommt als Arzt zurück:* Bitte um Entschuldigung, Herr Argan!

ARGAN Erstaunlich!

TOINETTE Ich bitte Sie, mir meine Neugier nicht verübeln zu wollen, die mich veranlaßt hat, hierher zu kommen, um den berühmten Kranken zu sehen. Ihr Ruf, der so weithin verbreitet ist, mag die Freiheit, die ich mir genommen habe, entschuldigen.

ARGAN Bitte, bitte, Herr Doktor!

TOINETTE Sie sehen mich so prüfend an. Was meinen Sie, wie alt ich bin?

ARGAN Ich schätze, Sie sind ... höchstens, – sechsundzwanzig oder siebenundzwanzig.

TOINETTE *lacht:* Neunzig bin ich!

ARGAN Neunzig?

TOINETTE Ja, das ist eins der Geheimnisse meiner Kunst, daß ich so jugendlich und bei Kräften bleibe.

ARGAN Da sind Sie aber ein schöner junger Greis, mit neunzig!

TOINETTE Ich bin nicht hier ansässig, ich reise herum, von Stadt zu Stadt, von Provinz zu Provinz, von Land zu Land, auf der Suche nach berühmten Fällen, die meinen Fähigkeiten entsprechen. Ich suche Kranke, die es wert sind, daß ich mich mit ihnen befasse, deren Zustand meiner medizinischen Erkenntnisse und Heilmethoden würdig ist. Arthritis, Rheumatismus, Fieber? Macht mir keinen Spaß. Ohnmacht, Migräne? – ohne mich! Was ich brauche: schwere Leiden! Ein schönes anhaltendes Fieber mit Gehirnhautentzündung! Ein heftiges Fleckfieber! Eine schöne Pest! Eine schöne schwere Wassersucht! Eine Brustfellentzündung mit schönen Komplikationen: das sagt mir zu! Da bin ich auf der Höhe! Ich wünschte mir, Herr Argan, Sie hätten alle die genannten Krankheiten, und alle Ärzte hätten Sie schon aufgegeben, Sie lägen verzweifelt da, schon in der Agonie, dann könnte ich Ihnen meine Theorie demonstrieren und Sie würden sehen, es wäre mir eine große Lust, Sie zu behandeln.

ARGAN Danke, vielen Dank, Herr Doktor!

TOINETTE Ihren Puls, bitte! Darf ich? Na, na, na, willst du wohl ordentlich schlagen! Ich kriege dich schon noch dazu! Was! So schlägt man doch nicht! Das ist doch keine Art! Ich seh schon, er kennt mich noch nicht! – Wer ist eigentlich Ihr Arzt?

ARGAN Doktor Purgon.

TOINETTE Der steht nicht in meinem Verzeichnis großer Ärzte. Seine Diagnose?

ARGAN Leber, sagt er. Andere meinen, es ist die Milz.

TOINETTE Dummköpfe! Es ist die Lunge.

ARGAN Die Lunge?

TOINETTE Wo tut es Ihnen weh?

ARGAN Ich habe Kopfweh von Zeit zu Zeit.

TOINETTE Was sage ich? Die Lunge!

ARGAN Manchmal meine ich, ich habe einen Schleier vor den Augen.

TOINETTE Die Lunge!

ARGAN Auch Herzbeschwerden manchmal.

TOINETTE Die Lunge!

ARGAN Manchmal fühle ich mich wie gerädert.

TOINETTE Die Lunge!

ARGAN Und dann wieder Leibschmerzen, fast wie Koliken.

TOINETTE Die Lunge! – Und der Appetit?

ARGAN Gut, Herr Doktor.

TOINETTE Die Lunge! Sie trinken auch gern mal ein Glas Wein?

ARGAN Ja, Herr Doktor!

TOINETTE Die Lunge! Sie sind schläfrig, nach dem Essen und schlafen auch gern?

ARGAN Ja, Herr Doktor.

TOINETTE Die Lunge, die Lunge, ich sage es. Was hat Ihnen der Arzt für eine Diät verordnet?

ARGAN Suppen.

TOINETTE Pfuscher!

ARGAN Geflügel.

TOINETTE Pfuscher!

ARGAN Kalbfleisch.

TOINETTE Pfuscher!

ARGAN Fleischbrühe.

TOINETTE Pfuscher!

ARGAN Und vor allem viel Wasser in den Wein.

TOINETTE Pfuscher! Ignorant! Ignorantus, ignoranta, ignorantum! Sie müssen den Wein unverdünnt trinken. Und dann, damit sich Ihr Blut verdickt – es ist zu dünn – gutes nahrhaftes Rindfleisch, gutes nahrhaftes Schweinefleisch, guten Holländer Käse, Gries und Reis, Kastanien und Nüsse. Alles was klebt und stopft. Ihr Arzt ist ein Pfuscher! Ich will Ihnen einen von meinen Assistenten schicken und ich werde von Zeit zu Zeit selbst nach Ihnen sehen, solange ich hier in der Stadt bin.

ARGAN Ich danke Ihnen sehr!

TOINETTE Mein Gott, was machen Sie denn mit dem Arm da?

ARGAN Wieso?

TOINETTE Hier haben wir einen Arm, den ich sofort abneh-
men ließe, wenn ich Sie wäre.

ARGAN Was? Warum denn?

TOINETTE Sehen Sie denn nicht? Er zieht doch die ganzen
Nährstoffe an sich, auf Kosten des anderen.

ARGAN Ja, aber ich brauche doch meinen Arm!

TOINETTE Und dann haben Sie auch noch dieses rechte
Auge – das würde ich herausnehmen lassen, wenn ich Sie
wäre!

ARGAN Das Auge? Herausnehmen?

TOINETTE Eins stört das andere. Glauben Sie mir, lassen Sie
es rasch herausnehmen, um so besser sehen Sie dann auf
dem linken.

ARGAN Das eilt mir nicht so sehr.

TOINETTE Ich verabschiede mich. Es tut mir leid, daß ich so
rasch wieder gehen muß. Aber ich muß zu einer wichtigen
Konsultation, zu einem Kranken, der gestern gestorben
ist.

ARGAN Gestern gestorben?

TOINETTE Ja. Um zu überlegen, wie man ihn am Leben hätte
erhalten können. Auf Wiedersehen.

ARGAN Sie wissen ja, Kranke begleiten ihre Gäste nicht zur
Tür. *Toinette ab.*

BÉRALDE Das scheint mal ein tüchtiger Arzt zu sein.

ARGAN Mir ein bißchen zu eifrig.

BÉRALDE Die großen Ärzte sind alle so.

ARGAN Mir den Arm amputieren! Mir ein Auge rausneh-
men! Damit das andere besser sieht! Da will ich lieber
nicht so gut sehen. Eine schöne Behandlung, einarmig
und einäugig will er mich machen!

TOINETTE *kommt, tut, als spräche sie mit jemand:* Schon gut,
schon gut, danke! Ich bin nicht kitzlig!

ARGAN Was ist denn?

TOINETTE Ihr neuer Doktor wollte mir unbedingt den Puls
fühlen.

ARGAN Was! Mit neunzig!

BÉRALDE Da du jetzt doch endgültig mit diesem Herrn Purgon gebrochen hast, Bruder, laß uns doch über die andere
Partie für meine Nichte sprechen!

ARGAN Sie hat mir nicht gehorcht, sie kommt ins Kloster!
Weiß schon, es steckt eine Liebschaft dahinter, ich bin ihr
schon auf die Spur gekommen, sie hats nur noch nicht ge-
merkt.

BÉRALDE Sag mal, wenn's nun wirklich so etwas wäre, wie
Liebe, wäre das gleich ein Verbrechen? Wäre es eine Beleidigung für dich, wenn der Mann ehrliche Absichten
hat?

ARGAN Sie wird Nonne!

BÉRALDE Um einer gewissen Person einen Gefallen zu tun.

ARGAN Ich weiß schon, meine Frau.

BÉRALDE Offen gesagt, die meine ich. Ich kann dein blindes
Vertrauen auf die Ärzte nicht vertragen, aber erst recht
nicht, wie du den Verstand verlierst, wenn's um sie geht.
Kopflos rennst du da in jede Falle von ihr.

TOINETTE Bitte, Herr Béralde! Kein Wort gegen die gnädige Frau! Ich lasse nichts auf sie kommen. Sie ist eine
Frau ohne jede Falschheit. Sie liebt Herrn Argan, sie liebt
ihn, nicht zu beschreiben!

ARGAN Frag sie mal, wie Béline mich verwöhnt.

TOINETTE Ja, wirklich!

ARGAN Was sie sich für Sorgen macht wegen meiner
Krankheit.

TOINETTE Das ist wahr.

ARGAN Wie sie sich aufopfert für mich.

TOINETTE Das tut sie. *Zu Béralde:* Soll ich Sie davon über-
zeugen? Wollen Sie es selbst sehen, wie die gnädige Frau
den Herrn Argan liebt? *Zu Argan:* Wenn Sie erlauben,
möchte ich ihm beweisen, daß er sich in Ihrer Frau ganz
gewaltig täuscht.

ARGAN Wie denn?

TOINETTE Die gnädige Frau kommt doch gleich nach Hause.

116

Legen Sie sich einfach dahin, wie ein Toter. Dann werden Sie sehen, wie verzweifelt sie ist, wenn ich ihr sage, Sie sind gestorben.

ARGAN Das mache ich.

TOINETTE Aber lassen Sie sie nicht zu lange in ihrer Verzweiflung, sonst stirbt sie daran.

ARGAN Laß mich nur machen.

TOINETTE *zu Béralde:* Und Sie – verstecken Sie sich dort!

ARGAN Ist es auch nicht gefährlich, sich totzustellen?

TOINETTE Überhaupt nicht! Wieso denn? Nur schön lang ausstrecken! *Leise:* Jetzt stellen wir Ihren Bruder bloß. – Die gnädige Frau kommt! Haltung!
Béline kommt.

TOINETTE *tut so, als sehe sie Béline nicht:* Schrecklich! Schrecklich! Entsetzlich!

BÉLINE Was ist denn los, Toinette?

TOINETTE Ach, gnädige Frau!

BÉLINE Was ist passiert?

TOINETTE Ihr Mann ist tot.

BÉLINE Mein Mann ist tot?

TOINETTE Ja, ja, ja, der arme selige Herr ist dahingegangen.

BÉLINE Bist du sicher?

TOINETTE Ganz sicher. Niemand weiß es bis jetzt. Ich war ganz allein hier. Er ist in meinen Armen verschieden. Da, sehen Sie – hingestreckt!

BÉLINE Gott sei Dank! Den bin ich los! Du wirst doch nicht blöd sein und deshalb heulen, Toinette!

TOINETTE Ich hab gedacht, da muß man heulen, gnädige Frau!

BÉLINE Wozu denn? Ich bin doch nicht verrückt! Was ist denn verloren? Wozu war er denn überhaupt auf der Welt? Ein Vieh, das allen lästig war! Ein unsauberes, ekelhaftes Vieh! Immer ein Klistier oder irgendeine andere eklige Brühe im Bauch! Immerzu hat er gerotzt und gerülpst, gesabbert und gespuckt! Ein langweiliger Kloß ohne Hirn, immer in mieser Laune! Hat die Leute geplagt und herumgekeift mit dem Personal Tag und Nacht.

TOINETTE Eine schöne Leichenrede!

BÉLINE Du mußt mir jetzt helfen, Toinette, kriegst auch eine gute Belohnung von mir dafür, bestimmt! Gott sei Dank weiß noch niemand von dem Todesfall. Wir legen ihn jetzt ins Bett und halten schön den Mund, bis ich alles erledigt habe. Es sind Papiere da, auch bares Geld, das will ich haben. Ich habe doch nicht meine besten Jahre mit ihm vertan, ohne daß was dabei herausspringt. Komm, Toinette, jetzt wollen wir erst mal die Schlüssel nehmen.

ARGAN *erhebt sich plötzlich:* Langsam.

BÉLINE *schreit auf.*

ARGAN So liebst du mich also!

TOINETTE Der Verstorbene ist nicht tot!

ARGAN *ruft Béline nach, die wegläuft:* Danke! Schön, daß du mir das jetzt gezeigt hast. Deine Liebe! Danke für die Leichenrede! Danke für die Lehre! Ich weiß jetzt Bescheid in Zukunft!

BÉRALDE *kommt aus dem Versteck:* Da hast du's, Bruder.

TOINETTE Das hätte ich wirklich nicht gedacht. Aber da kommt gerade Ihre Tochter. Legen Sie sich nochmal so hin wie eben. Wir wollen doch sehn, wie sie Ihren Tod aufnimmt. Das ist eine ganz gute Probe, und da Sie schon dabei sind...

Béralde versteckt sich wieder. Argan liegt auf dem Boden. Angélique kommt.

TOINETTE *schreit:* O Gott! Schrecklich!

ANGÉLIQUE Was hast du denn, Toinette? Warum weinst du?

TOINETTE Ich kanns Ihnen gar nicht sagen.

ANGÉLIQUE Was denn?

TOINETTE Ihr Vater ist gestorben.

ANGÉLIQUE Mein Vater ist gestorben, Toinette?

TOINETTE Ja. Dort liegt er. Gerade ist er gestorben, plötzliche Herzschwäche.

ANGÉLIQUE *entsetzt, einen Augenblick stumm, dann:* Mein Vater! Mein armer, guter, lieber Vater! Vater! Jetzt kannst du mir nicht mehr verzeihen! Mein Vater! Mein armer guter Vater! Du bist nicht mehr da! Was soll ich nun machen!

Cléanthe kommt.

CLÉANTHE Was ist denn mit Ihnen, schöne Angélique? Sie weinen ja! Ist etwas passiert?

ANGÉLIQUE Ich habe alles verloren. Mein Vater ist tot.

CLÉANTHE O Gott! Das ist furchtbar! So unerwartet. Gerade jetzt! Ihr Onkel wollte gerade ein gutes Wort für mich einlegen.

ANGÉLIQUE Ach Cléanthe! Sprechen Sie nicht mehr vom Heiraten! Ich habe meinen Vater verloren! Ich entsage dieser Welt! Für immer! – Vater, ich habe dir Kummer gemacht, es tut mir leid. Ich will es wieder gut machen, so gut ich kann, Vater, ich verspreche dir...

ARGAN *richtet sich auf:* Mein Kind!

ANGÉLIQUE *entsetzt.*

ARGAN Hab keine Angst! Komm! Ich bin nicht tot! Du bist mein gutes Kind. Ich bin so glücklich! Ich habe dein gutes Herz erkannt.

ANGÉLIQUE Vater! Lieber, lieber Vater! Sie leben! Jetzt habe ich nur eine Bitte an Sie, Vater: wenn Sie mir Cléanthe nicht geben, zwingen Sie mich wenigstens nicht, einen andern zu heiraten! Das ist alles, worum ich dich bitte!

CLÉANTHE Ich schließe mich ihrer Bitte an. Sehn Sie doch, wir lieben uns! Bitte, haben Sie doch ein Einsehen!

BÉRALDE Immer noch dagegen, Bruder?

TOINETTE Bei so viel Liebe kann man doch nicht gefühllos bleiben, Herr Argan.

ARGAN Werden Sie Arzt – dann meinetwegen.

CLÉANTHE Gern! Arzt, oder auch Apotheker, ganz wie Sie wollen!

BÉRALDE Ich habe eine Idee, Bruder: werde doch selber

Arzt! Das ist am einfachsten, du kennst doch den Patienten am besten!

TOINETTE Dann sind Sie auch bald gesund, Herr Argan! Ärzte werden nie krank!

ARGAN Du machst dich lustig über mich! Ich soll studieren! In meinem Alter?

BÉRALDE Ach was, studieren! Du bist studiert genug!

ARGAN Aber man muß doch Latein können! Und all die Krankheiten! Und die Mittel!

BÉRALDE Man muß nur reden können.

TOINETTE Und einen Hut aufsetzen! Ein schöner Hut ist schon der halbe Arzt!

Rasch ab. Angélique und Cléanthe folgen ihr.

BÉRALDE Wir promovieren dich jetzt gleich!

Ebenfalls ab.

ARGAN *allein:* Wieso jetzt gleich?

Alle, auch Louison, Béline, Fleurant, Diafoirus, Thomas und Bonnefoy, kommen in schwarzen Talaren zurück und führen um Argan herum einen grotesken Tanz auf. Doktorpromotion, – bis Argan, der zuerst erschreckt und verblüfft ist, wütend abwehrt und schreit.

ARGAN Laßt mich! Ich bin zu krank! Ich bin krank!

George Dandin

Personen

GEORGE DANDIN, ein reicher Bauer
ANGELIQUE, seine Frau
HERR VON SOTENVILLE, ein Landedelmann, Angéliques
Vater
FRAU VON SOTENVILLE, seine Frau
CLITANDRE, Angéliques Liebhaber
CLAUDINE, Angéliques Zofe
LUBIN, ein Bauer in Clitandres Diensten
COLIN, Knecht bei George Dandin

Ort: Vor dem Haus George Dandins, auf dem Lande.

1.

George Dandin allein.

GEORGE DANDIN: O je! Wenn man eine Adlige geheiratet hat! Schaut euch bloß meine Ehe an! Das ist eine Lehre für jeden dummen Bauern, der sich einbildet, er wird was Besseres, wenn er in eine feine Familie einheiratet, so wie ich! Das Adligsein selber – schon recht! Nichts dagegen zu sagen, bestimmt nicht. Aber was so alles noch mit dran hängt, – da läßt dus lieber bleiben. Ich bin ja auch jetzt erst schlau geworden, und das hab ich teuer bezahlt. Ich weiß jetzt wie dies machen, wenn sie dich, einen gewöhnlichen Menschen, in die Familie reinlassen. *Du* gehörst gar nicht zur Familie, bloß dein Geld gehört dazu. *Das* haben sie geheiratet! Ich hätte besser mein schönes Geld genommen und hätte mich nach einer braven, ordentlichen Bauerntochter umgesehn. Aber nein! Ich muß ja unbedingt eine Frau nehmen, die sich hoch erhaben fühlt! Sie da oben, ich da unten! Frau Dandin zu heißen ist ihr nicht fein genug. Das beleidigt sie. Und das viele Geld war immer noch zu wenig dafür, daß ich ihr Mann sein darf. O George Dandin! Dumm warst du, George Dandin! Dumm, dumm! Mir graust jetzt schon vor meinem eigenen Haus! Kaum bin ich drin, schon muß ich mich ärgern.

2.

George Dandin, Lubin.
George Dandin sieht Lubin aus seinem Haus kommen.

DANDIN *beiseite*
Sakrament! Was will denn der Kerl bei mir?

LUBIN *bemerkt George Dandin, beiseite*
Der Mann da sieht mich.

DANDIN *beiseite*
Er weiß nicht, wer ich bin.

LUBIN *beiseite*
Der wittert was.

DANDIN *beiseite*
Aha, der kann wohl nicht grüßen.

LUBIN *beiseite*
Jetzt hab ich Angst, der hat mich da herauskommen sehen und sagt es weiter.

DANDIN Guten Tag.

LUBIN Guten Tag.

DANDIN Sie sind wohl nicht von hier.

LUBIN Nein, morgen ist doch ein Fest... ich bin nur wegen dem Fest morgen hergekommen.

DANDIN Aha! Und deswegen kommen Sie *heute* von da drin?

LUBIN Pst!

DANDIN Wie?

LUBIN Still!

DANDIN Was denn?

LUBIN Bloß nicht sagen, daß Sie mich gesehen haben, wie ich da rausgekommen bin.

DANDIN Warum?

LUBIN Weil... weil...

DANDIN Was denn?

LUBIN Leise! Ich habe Angst, daß uns einer hört.

DANDIN Ach wo!

LUBIN Weil ich nämlich mit der Frau in dem Haus gesprochen habe. Ich hab was ausrichten müssen von einem Herrn, der ist hinter ihr her. Macht ihr schöne Augen. Und das darf keiner wissen. Verstehen Sie?

DANDIN Ja.

LUBIN Drum. Mir ist eingebleut worden, ich soll aufpassen, daß mich niemand sieht. Bitte sagen Sie bloß nicht, Sie haben mich gesehn.

DANDIN Ich werd mich hüten!

LUBIN Ich werde das ganz geheim machen, so ist es mir auf-
getragen worden.

DANDIN Das ist recht.

LUBIN Es heißt, ihr Mann ist furchtbar eifersüchtig, er will
nicht, daß jemand anderer mit seiner Frau schläft. Wenn
ihm das zu Ohren kommt, ist der Teufel los, haut er alles
kurz und klein. Verstehen Sie?

DANDIN Verstehe ich sehr gut.

LUBIN Er darf nichts wissen, gar nichts.

DANDIN Auf keinen Fall.

LUBIN Er soll schön heimlich ausgeschmiert werden. Verstehen Sie?

DANDIN Vollkommen.

LUBIN Sagen Sie bloß nicht, Sie haben mich aus dem Haus
kommen sehen. Dann wäre alles verdorben. Verstehen
Sie?

DANDIN Bestens. Und wie nennt sich der Herr, der Sie da
reingeschickt hat?

LUBIN Dem gehört doch das Land bei uns, das ist der Herr
Graf von Dings... Donnerkeil, ich kann mir doch einfach
nie merken, wie man diesen blöden Namen ausspricht!
Herr Cli... Cli... Clitandre, so!

DANDIN Ist das dieser Höfling, dieser junge, der dort drüben...

LUBIN Ja, da drüben wohnt er, wo die Bäume stehen.

DANDIN *für sich*
Ach deshalb! Drum wohnt dieser geleckte Affe seit neue-
stem da drüben. Direkt gegenüber! Ich habs doch gleich
gerochen. Diese Nachbarschaft war mir doch gleich verdächtig.

LUBIN Alle Achtung, das ist ein nobler Mann, so was haben
Sie noch nicht gesehen. Drei Goldstücke hat er mir gegeben, bloß damit ich der Frau ausrichte, daß er in sie verliebt ist und er möchte die Ehre haben, mit ihr sprechen
zu dürfen. Das ist wirklich keine Arbeit für soviel Geld.
Wenn ich das vergleiche: sonst schufte ich den ganzen

125

Tag und krieg bloß neun Groschen.

DANDIN Na, und haben Sie es denn nun ausgerichtet?

LUBIN Ja, ich habe in dem Haus eine gewisse Claudine an-
getroffen, die hat sofort begriffen, was ich wollte. Und so
konnte ich gleich mit ihrer Madame sprechen.

DANDIN *beiseite*
Verfluchtes Luder, die Zofe!

LUBIN Und hübsch ist die, diese Claudine, verdammt! Da
hats mich gleich erwischt, die braucht bloß wollen, und
wir sind schon verheiratet!

DANDIN Aber was für eine Antwort hat die Madame denn
diesem »noblen Mann« gegeben?

LUBIN Sie hat gesagt, ich soll ihm sagen... warten Sie, jetzt
weiß ich nicht, ob ich das alles noch behalten habe... also:
verbunden ist sie ihm sehr, weil er sie so verehrt, aber er
soll sich nichts anmerken lassen wegen ihrem Mann, weil
der... naja, ein Spinner ist, mit Wahnideen und er soll
sich etwas einfallen lassen, damit sie sich einmal treffen
können.

DANDIN *für sich*
Miststück!

LUBIN Na, das wird lustig! Der Mann ahnt nichts von dem
Schwindel, das ist doch bestens! Er kann eifersüchtig sein,
wie er will, er ist doch der Dumme. Na?

DANDIN Das stimmt.

LUBIN Leben Sie wohl – und Mund halten! Das muß geheim
bleiben, damit der Mann nichts erfährt.

DANDIN Ja, ja.

LUBIN Ich tu, als wüßte ich von nichts. Ich bin nämlich gerissen, von mir erfährt keiner was.

3.

DANDIN So, George Dandin, da hast dus! So machts deine
Frau mit dir! Du hast ja unbedingt eine Von-und-Zu hei-

raten müssen. Sie machen mit dir, was sie wollen, und du kannst dich nicht mal rächen, die adlige Sippschaft hat dich beim Wickel. Wenn man vom gleichen Stand ist, hast du als Mann wenigstens soviel Ehre, daß du auf den Tisch haun darfst. Wenn die jetzt ein Bauernmädchen wäre, könnte ich einen Knüppel nehmen und sie verprügeln, das wäre Gerechtigkeit. Aber du Rindvieh, du wolltest ja was Besseres werden, dir wars ja zu fad, Herr in deinem Haus zu sein! Ah, mich zerreißts noch, ich könnt mir den Kopf einschlagen! Da läßt sie sich von diesem Lackaffen schamlos Liebeserklärungen machen und verspricht ihm gleich auch noch, daß sie sich treffen. Aber das ist jetzt eine Gelegenheit, die laß ich mir nicht entgehen. Ich muß mich sofort bei ihrem Vater und bei ihrer Mutter beschweren, die sollen jetzt mal sehn, was ihre Tochter mir für Ärger und Verdruß macht. Da kommen sie ja. Grad recht!

4.

Herr von Sotenville, Frau von Sotenville, George Dandin.

HERR VON SOTENVILLE Was haben Sie, Herr Schwiegersohn? Sie scheinen mir ganz verwirrt?

DANDIN Ich hab auch allen Grund, denn…

FRAU VON SOTENVILLE Mein Gott, Herr Schwiegersohn, haben Sie denn so wenig Lebensart? Nicht mal zu grüßen, wenn Sie sich jemandem nähern?

DANDIN Ich hab grade was anderes im Kopf, Schwiegermutter. Denn…

FRAU VON SOTENVILLE Schon wieder! Ist es denn möglich, Herr Schwiegersohn, daß Sie gar nicht wissen, was sich gehört? Kann man es Ihnen denn gar nicht beibringen, wie man sich gegen Leute unseres Standes benimmt?

DANDIN Wieso?

FRAU VON SOTENVILLE Wann werden Sie denn endlich mit dieser Vertraulichkeit aufhören und mich »Schwiegermutter« nennen? Können Sie sich nicht daran gewöhnen, »Frau Baronin« zu mir zu sagen?

DANDIN Lieber Gott! Sie nennen mich Schwiegersohn, da werde ich Sie doch Schwiegermutter nennen können!

FRAU VON SOTENVILLE Ich muß doch sehr bitten! Da ist doch ein Unterschied! Bitte nehmen Sie zur Kenntnis, daß es Ihnen nicht zukommt, bei einer Dame meines Standes dieses Wort zu gebrauchen. Sie sind zwar unser Schwiegersohn, aber es ist ein großer Abstand zwischen Ihnen und uns. Das sollten Sie doch wissen.

HERR VON SOTENVILLE Genug, meine Liebe, lassen wir das jetzt.

FRAU VON SOTENVILLE Mein Gott, Herr von Sotenville, Ihre Nachsicht geht zu weit. So kann man sich bei den Leuten keinen Respekt verschaffen.

HERR VON SOTENVILLE *zu Frau von Sotenville*
Ich muß doch bitten; darüber wünsche ich keine Belehrungen. Ich habe in meinem Leben zwanzigmal durch Taten bewiesen, daß ich nicht der Mann bin, ein Haar breit von meinen Ansprüchen abzugehen. Aber es genügt, ihm lediglich einen Wink zu geben. Nun sagen Sie uns ruhig, Herr Schwiegersohn, was haben Sie denn?

DANDIN Offen gesagt, Herr Baron von Sotenville, ich will Ihnen sagen, daß ich allen Grund habe...

HERR VON SOTENVILLE Sachte, Herr Schwiegersohn. Merken Sie sich, daß es respektlos ist, Leute mit ihrem Namen anzusprechen. Wenn jemand höher steht, spricht man ihn ganz schlicht mit Herr Baron an.

DANDIN Also, Herr Baron, ganz schlicht, nicht Herr Baron von Sotenville, ich muß Ihnen sagen, daß meine Frau...

HERR VON SOTENVILLE Nicht so! Merken Sie sich ebenfalls, daß Sie nicht einfach »meine Frau« sagen können, wenn es sich um unsere Tochter handelt.

DANDIN Mich zerreißts! Meine Frau, das ist nicht meine Frau?

FRAU VON SOTENVILLE Aber ja, Herr Schwiegersohn, sie ist Ihre Frau, aber Sie dürfen sie nicht so nennen. Das können Sie nur tun, wenn Sie jemand geheiratet hätten, der Ihresgleichen ist.

DANDIN *für sich*

O George Dandin, da hast dus!

laut

Jetzt lassen Sie mich doch mal mit Ihrem Adelszeug in Ruhe und lassen Sie mich reden, wie ich rede.

beiseite

Die machen mich fertig.

zu Herrn von Sotenville

Also, ich sage Ihnen, ich bin mit meiner Heirat sehr unzufrieden.

HERR VON SOTENVILLE Aber warum denn, Herr Schwiegersohn?

FRAU VON SOTENVILLE Wie, so sprechen Sie jetzt über diese Verbindung, die für Sie so vorteilhaft war?

DANDIN Wieso denn vorteilhaft, Frau Baronin, wenn Sie unbedingt Frau Baronin heißen müssen. Für Sie war der Handel vorteilhaft. Ohne mich, wenn Sie erlauben, wären Sie doch völlig ruiniert, mit meinem Geld habe ich ganz schöne Löcher stopfen müssen. Aber ich, was hab ich denn für einen Vorteil, vielleicht daß mein Name jetzt ein Stück länger ist? Daß Sie zu mir nicht mehr George Dandin sagen, sondern »Herr de la Dandinière«

HERR VON SOTENVILLE Zählt es für Sie gar nicht, daß Sie sich mit den Sotenvilles verbunden haben?

FRAU VON SOTENVILLE Und mit den la Prudoterie? Ich habe die Ehre eine La Prudoterie zu sein! Bei den La Prudoteries vererben auch die Frauen den Adelstitel. Der Mutterleib macht die Leibesfrucht zu La Prudoteries. Durch dieses schöne Privileg werden Ihre Kinder La Prudoteries sein.

DANDIN Schon recht. Meine Kinder werden adlig, aber ich habe Hörner, wenn ich nicht Ordnung schaffe.

HERR VON SOTENVILLE Was soll das heißen, Herr Schwiegersohn?

DANDIN Das soll heißen: Ihre Tochter führt sich nicht auf, wie eine Frau sich aufführen soll, und sie macht Sachen, die sind gegen die Ehre.

FRAU VON SOTENVILLE Also! Nehmen Sie sich mit ihren Worten in acht! Meine Tochter ist von so untadeliger Herkunft, daß sie niemals etwas Ungehöriges tun könnte. Das ist ganz ausgeschlossen! Seit dreihundert Jahren ist Gott sei Dank nie eine La Prudoterie ins Gerede gekommen.

HERR VON SOTENVILLE *wütend*
Aber ich bitte doch! Die Sotenvilles! Nie hat man bei den Sotenvilles eine leichtsinnige Frau bemerkt... Niemals! Ja – je mehr die Tapferkeit bei den Männern...
verwirrt sich
noch die Keuschheit der Frauen... Sie ist erblich!... Je weniger, desto mehr!

FRAU VON SOTENVILLE Eine Jaqueline de La Prudoterie weigerte sich, die Mätresse eines Gouverneurs unserer Provinz zu werden! Und er war Herzog und Pair von Frankreich!

HERR VON SOTENVILLE Und eine Mathurine de Sotenville hat zwanzigtausend Taler zurückgewiesen... sie waren von dem Günstling des Königs! Und er bat nur um die Erlaubnis, kaum mit ihr sprechen zu dürfen.

DANDIN Na, Ihre Tochter ist nicht so zimperlich. Und seit sie bei mir ist, ist sie noch zugänglicher geworden.

HERR VON SOTENVILLE Erklären Sie sich, Herr Schwiegersohn! Wir unterstützen unsere Tochter nicht, wenn sie etwas Schlechtes tut... keinesfalls... wir sind die ersten, ihre Mutter und ich...
verwirrt sich
Wir sind der Meinung, daß Ihnen recht geschieht... daß

Ihnen recht geschehen soll... und das werden wir Ihnen verschaffen...

FRAU VON SOTENVILLE Wenn es um die Ehre geht, verstehen wir keinen Spaß. Wir haben sie mit äußerster Strenge erzogen.

DANDIN Ich kann Ihnen nur sagen, hier läuft ein Höfling herum, der macht sich an sie ran. Als ob ich Luft wäre! Er hat ihr Liebeserklärungen ausrichten lassen, und sie hat sie sich angehört. Mit Vergnügen! Jawohl!

FRAU VON SOTENVILLE Gott! Ich würde sie mit meinen eigenen Händen erdrosseln, wenn sie sich soweit vergessen würde, von der Tugend ihrer Mutter abzuweichen.

HERR VON SOTENVILLE Ja! Ich würde meinen Degen durch sie hindurchstoßen! Durch sie und durch den Galan hindurch!

DANDIN Ich hab Ihnen gesagt, was los ist, weil ich mich beschweren will. Ich verlange von Ihnen, daß ich recht kriege!

HERR VON SOTENVILLE Beruhigen Sie sich! Sie bekommen es! Und zwar von beiden! Ein Mann wie ich ist vollkommen in der Lage...

verwirrt sich

und behauptet sich! Und zwar gleichgültig gegen wen! – Aber sind Sie denn auch ganz sicher?

DANDIN Ganz sicher.

HERR VON SOTENVILLE Vorsicht ist geboten! In Adelskreisen sind das kitzlige Sachen... Ich will keinesfalls einen falschen Schritt machen in dieser Sache.

DANDIN Ich habs gesagt und so stimmts.

HERR VON SOTENVILLE Meine Liebe, sprechen Sie nun mit Ihrer Tochter, während ich mit meinem Schwiegersohn diesen Herrn zur Rede stelle.

FRAU VON SOTENVILLE Wie, mein Täuberich? Sollte sie sich so vergessen haben? Ich habe ihr doch ein so gutes Beispiel gegeben! Das wissen Sie doch selbst!

HERR VON SOTENVILLE Wird alles geklärt... wird alles geklärt... Kommen Sie, Herr Schwiegersohn... keine Sorge... Sie sollen sehn, wie unsereins zum Berserker wird, wenn jemand attackiert wird... der zu uns gehört... in gewisser Weise, doch immerhin... naja.

DANDIN Da kommt er gerade herüber!

5.

Herr von Sotenville, Clitandre, George Dandin

HERR VON SOTENVILLE Monsieur, bin ich Ihnen bekannt?

CLITANDRE Nein, nicht, soviel ich weiß, Monsieur.

HERR VON SOTENVILLE Ich bin Baron von Sotenville.

CLITANDRE Ich bin sehr erfreut.

HERR VON SOTENVILLE Ich habe einen guten Namen bei Hof. Ich hatte in meiner Jugend die Ehre, als einer der ersten zu den Fahnen zu eilen, Nancy, Monsieur. Sie wissen doch, das bedrängte Nancy!

CLITANDRE Mein Kompliment!

HERR VON SOTENVILLE Mein Vater, Jean-Gilles de Sotenville durfte sich rühmen, daß sein Name... Sie wissen doch, Montauban! Die Belagerung! Groß geplant!

CLITANDRE Ich bin entzückt.

HERR VON SOTENVILLE Und einer meiner Ahnen, Bertrand de Sotenville, war zu seiner Zeit so hoch geachtet, daß er Hab und Gut opfern durfte für einen Kreuzzug.

CLITANDRE Ich glaube Ihnen gern.

HERR VON SOTENVILLE Es ist mir berichtet worden, Monsieur, daß Sie eine junge Dame lieben und mit Anträgen verfolgen. Diese Dame ist meine Tochter, für die ich einstehe...

Er zeigt auf George Dandin

ebenso hat dieser Mann hier die Ehre, mein Schwiegersohn zu sein.

CLITANDRE Wer? Ich?

HERR VON SOTENVILLE Ja. Und ich benütze die Gelegenheit

132

Sie anzusprechen, um von Ihnen gütigst Aufklärung in dieser Sache zu erhalten.

CLITANDRE Was ist denn das für eine Verleumdung! Wer hat Ihnen denn das gesagt, Monsieur?

HERR VON SOTENVILLE Jemand, der glaubt, es sicher zu wissen.

CLITANDRE Dieser Jemand hat gelogen. Ich bin ein Ehrenmann. Monsieur, Sie halten mich für fähig, so unehrenhaft zu handeln? Ich? Eine schöne junge Dame zu lieben, die die Ehre hat, Tochter des Herrn von Sotenville zu sein, ich sollte mir das erlauben? Dazu verehre ich Sie zu sehr, bin Ihnen zu sehr ergeben. Wer immer das gesagt hat, er ist ein Lügner.

HERR VON SOTENVILLE Nun, Herr Schwiegersohn?

DANDIN Was?

CLITANDRE Es ist ein Gauner und ein Lügner.

HERR VON SOTENVILLE *zu George Dandin*
Antworten Sie!

DANDIN Antworten doch *Sie!*

CLITANDRE Wenn ich wüßte, wer es ist, würde ich ihm den Degen in den Bauch rennen, vor Ihren Augen!

HERR VON SOTENVILLE *zu Dandin*
Vertreten Sie Ihre Sache!

DANDIN Ich brauche nichts zu vertreten, weils wahr ist! Wahr!

CLITANDRE Hat vielleicht Ihr Schwiegersohn, Monsieur...

HERR VON SOTENVILLE Ja, er selber hat sich bei mir beklagt.

CLITANDRE Was für ein Glück für ihn, daß er zu Ihrer Familie gehört! Sonst würde ich ihn lehren, was es heißt, über eine Person wie mich solche Reden zu führen!

6.

Herr und Frau von Sotenville, Angélique, Clitandre, George Dandin, Claudine.

FRAU VON SOTENVILLE Die Eifersucht... die Eifersucht

macht ganz verrückt… Hier bringe ich meine Tochter, um diese Affaire in Gegenwart aller aufzuklären.

CLITANDRE *zu Angélique*

Ach, Sie waren es, Madame? Sie haben Ihrem Mann gesagt, daß ich in Sie verliebt bin?

ANGÉLIQUE Ich? Wie könnte ich ihm das sagen? Ist es denn so? Das möchte ich wirklich gerne sehen, wie Sie in mich verliebt wären! Versuchen Sie es nur einmal, ich bitte Sie, da kommen Sie bei mir an die Richtige! Machen Sie das ruhig! Nur zu! Machen Sie alles, was Verliebte tun! Versuchen Sie es, nur zum Spaß! Schicken Sie mir Botschaften, schreiben Sie mir heimlich kleine Zettelchen, passen Sie den Augenblick ab, wo mein Mann nicht da ist, oder den Moment, wenn ich aus dem Haus gehe! Und sprechen Sie mir dann von Ihrer Liebe! Sie brauchen nur zu kommen! Sie werden auf die rechte Weise empfangen, das verspreche ich Ihnen!

CLITANDRE Ah, Madame, langsam! Vorsichtig! Sie brauchen mir nicht zu sagen, was ich tun soll! Warum entrüsten Sie sich denn so? Wer sagt denn, daß ich Sie liebe?

ANGÉLIQUE Was weiß ich, was ich hier noch anhören muß!

CLITANDRE Lassen Sie die Leute nur reden. Sie wissen ja selbst am besten, ob ich Ihnen von Liebe gesprochen habe oder nicht, als wir uns trafen.

ANGÉLIQUE Hätten Sies nur getan! Dann hätte ichs Ihnen zurückgegeben!

CLITANDRE Ich versichere Ihnen, daß Sie nichts zu fürchten haben. Einer so schönen Frau würde ich doch niemals Kummer machen. Ich verehre Sie viel zu sehr, Sie und Ihre hochgeschätzten Eltern, ich würde es gar nicht wagen, Sie zu lieben.

FRAU VON SOTENVILLE *zu Dandin*

Na sehn Sie!

HERR VON SOTENVILLE Das stellt Sie doch wohl zufrieden, Herr Schwiegersohn. Was sagen Sie?

DANDIN Dummes Geschwätz, das sage ich! Was ich weiß,

weiß ich. Sagen wirs doch, wie es ist: Eben erst hat er ihr
was ausrichten lassen.

ANGÉLIQUE Etwas ausrichten lassen, mir?

CLITANDRE Etwas ausrichten lassen, ich?

ANGÉLIQUE Claudine!

CLITANDRE *zu Claudine*
Ist das wahr?

CLAUDINE Alles Schwindel.

DANDIN Du halt den Mund, du Miststück! Dich kenn ich.
Du hast ihn ja reingelassen.

CLAUDINE Ich? Wen denn?

DANDIN Ja, Du! Mach jetzt nur die Unschuld.

CLAUDINE So eine Gemeinheit! So schlecht ist heute die
Welt. Mich so zu verdächtigen, mich! Ich hab überhaupt
nichts gemacht.

DANDIN Halt den Mund, du Miststück! Mach du nur die
Unschuld, ich kenn dich schon lang, ganz durchtrieben
bist du.

CLAUDINE *zu Angélique*
Also, Madame…

DANDIN Halt den Mund, habe ich gesagt. Sonst hau ich dir
auf den Kopf für alle andern! Paß du nur auf, Du hast keinen Vater der ein Von-und-Zu ist!

ANGÉLIQUE Das ist eine so große Gemeinheit, das trifft
mich so ins Herz… ich finde nicht die Kraft, darauf zu
antworten! Das ist abscheulich! Wie kann mein eigener
Mann, dem ich nichts getan habe, mich so beschuldigen!
Nur einen Vorwurf kann man mir machen: ich war zu gut
zu ihm.

CLAUDINE Bestimmt!

ANGÉLIQUE Ich war zu rücksichtsvoll, das ist mein Unglück!
Wäre ich doch nur imstande, mir von irgend jemand den
Hof machen zu lassen! Wäre ich nur fähig zu dem, was
er mir vorwirft! Dann wäre ich nicht zu beklagen. Ich
gehe ins Haus, ich kann es nicht länger ertragen, daß man
mich so beleidigt.

Herr und Frau von Sotenville, Clitandre, George Dandin, Claudine.

FRAU VON SOTENVILLE *zu Dandin*

Da hören Sies! Sie verdienen nicht das tugendhafte Geschöpf, das wir Ihnen anvertraut haben!

CLAUDINE Soll sies doch nur tun! Daß es wenigstens wahr wäre, was er sagt! Verdient hat ers! *Ich* würde da nicht lang rummachen.

Zu Clitandre

Nun grad, Monsieur, machen Sie sich nur an sie ran, damit er bestraft wird. Schlafen Sie mit ihr, ich sag es Ihnen! Recht geschieht ihm, ich helfe Ihnen auch dabei, ganz recht geschieht ihm. Er hat es mir ja sowieso schon vorgeworfen.

Claudine ab

HERR VON SOTENVILLE Es ist Ihre eigene Schuld, Herr Schwiegersohn, daß man jetzt so redet, Sie haben alle gegen sich aufgebracht.

FRAU VON SOTENVILLE Denken Sie einmal darüber nach, wie man mit einer Dame aus unseren Kreisen umgeht. Hüten Sie sich, daß so etwas noch einmal vorkommt.

DANDIN *für sich*

Mich zerreißts! Recht habe ich und kriege unrecht.

8.

Clitandre, Herr von Sotenville, George Dandin.

CLITANDRE *zu Herrn von Sotenville*

Monsieur, Sie sehen, ich bin zu Unrecht beschuldigt worden. Sie, als Mann von Adel, wissen, was das bedeutet. Ich verlange von Ihnen Genugtuung für die Beleidigung, die man mir angetan hat.

HERR VON SOTENVILLE Ganz recht... mit vollem Recht, ja! So muß es sein... so ist es in der Ordnung. Also, Herr

Schwiegersohn! Genugtuung!

DANDIN Was, Genugtuung?

HERR VON SOTENVILLE Das gehört sich so... das ist die Regel. Sie haben ihn zu Unrecht beschuldigt.

DANDIN Ich! Das geht mir nicht in den Kopf! Zu Unrecht! Ich weiß doch, was ich weiß!

HERR VON SOTENVILLE Wissen Sie, was Sie wollen, das zählt nicht. Er hat es bestritten, das heißt: er hat allen Genugtuung geleistet. Und man hat nicht das Recht, sich zu beschweren, wenn jemand es bestritten hat.

DANDIN Wenn er jetzt mit meiner Frau im Bett liegt und ich erwisch ihn, braucht er nur zu bestreiten?

HERR VON SOTENVILLE Kein wenn und kein aber! Ich sage: entschuldigen Sie sich bei ihm!

DANDIN Ich? Ich soll mich dafür auch noch entschuldigen, daß er...

HERR VON SOTENVILLE Ja! Los! Kein dafür und dagegen! Keine Angst, Sie vergeben sich nichts... ich sage es Ihnen vor.

DANDIN Ich werd doch nicht...

HERR VON SOTENVILLE Verdammt, Herr Schwiegersohn! Ich werde grün vor Galle! Ich stelle mich sonst auf die Gegenseite, gegen Sie! Los! Halten Sie sich an das, was ich sage!

DANDIN *für sich*
O George Dandin!

HERR VON SOTENVILLE Zuerst einmal: Mütze ab! Der Herr ist von Adel, Sie nicht.

DANDIN *für sich, die Mütze in der Hand*
Mich zerreißts.

HERR VON SOTENVILLE Und jetzt mir nachgesprochen: Monsieur...

DANDIN Monsieur...

HERR VON SOTENVILLE Ich bitte Sie um Verzeihung...
Er sieht, daß George Dandin nicht gehorchen will
Na!

137

DANDIN Ich bitte Sie um Verzeihung...

HERR VON SOTENVILLE ...daß ich so schlecht von Ihnen gedacht habe...

DANDIN ...daß ich so schlecht von Ihnen gedacht habe...

HERR VON SOTENVILLE ...weil ich nicht die Ehre hatte, Sie zu kennen.

DANDIN ...weil ich nicht die Ehre hatte, Sie zu kennen.

HERR VON SOTENVILLE Und ich bitte Sie, mir zu glauben...

DANDIN Und ich bitte Sie, mir zu glauben...

HERR VON SOTENVILLE ...daß ich Ihr ergebener Diener bin.

DANDIN Was! Er setzt mir Hörner auf und ich bin sein ergebener Diener!

HERR VON SOTENVILLE Na!

CLITANDRE Schon gut, Monsieur.

HERR VON SOTENVILLE Nein, er soll zu Ende sprechen! Ich will es. Es muß in aller Form sein: ...daß ich Ihr ergebener Diener bin...

DANDIN ...daß ich Ihr ergebener Diener bin.

CLITANDRE *zu Dandin*
Und ich bin völlig der Ihre. Die Sache ist für mich erledigt. *Zu Herrn von Sotenville*
Und Ihnen, Monsieur, empfehle ich mich und bedaure, daß Sie den kleinen Ärger hatten.

HERR VON SOTENVILLE Ich küsse Ihre Hand. Und wenn es Ihnen Vergnügen macht, lade ich Sie zur Hasenjagd ein.

CLITANDRE Zu gütig, Monsieur.
Ab

HERR VON SOTENVILLE Sehn Sie, Herr Schwiegersohn! So macht man das. Leben Sie wohl. Sie sind in eine Familie gekommen, die Ihnen jeden Rückhalt gibt und die nicht duldet, daß man Sie beleidigt. Das sollten Sie wissen.

DANDIN *allein*

Da hast dus. Du hast es ja gewollt, George Dandin. Gewollt hast dus! Recht geschieht dir! Jetzt stehst du da,
dumm wie du bist! Hast es verdient und hast es ge-
kriegt!... Aber jetzt... jetzt kommts drauf an, daß der
Vater und die Mutter sehn, was gespielt wird. Ich werd
schon dafür sorgen.

Ab

Claudine, Lubin.

CLAUDINE Du warst es! Du hast es jemand weitergesagt und
der hat es dann meinem Herrn gesteckt. Du bist schuld!
Das hab ich mir doch gleich gedacht.

LUBIN Ehrenwort, ich habe nur zu einem Mann etwas gesagt, weil er mich gesehn hat, wie ich aus dem Haus gekommen bin. Nur ein Wort, ...sogar weniger als ein
Wort, ...bloß die Andeutung von einem Wort..., und
nur, damit er nichts weitersagt. Aber die Leute hier in der
Gegend sind ja anscheinend große Schwätzer.

CLAUDINE Na wirklich, dieser Herr Graf hat sich ja den
Richtigen ausgesucht, wenn er dich als Boten nimmt. Das
kann ja gut werden.

LUBIN Wart nur, das nächste Mal bin ich schlauer, da paß
ich besser auf.

CLAUDINE Ja, da wirds aber Zeit.

LUBIN Jetzt reden wir nicht mehr davon. – Hör mal!

CLAUDINE Was soll ich denn hören?

LUBIN Komm einmal mit deinem Gesicht näher her.

CLAUDINE Ja, und dann?

LUBIN Claudine!

CLAUDINE Was?

LUBIN Ach komm, du weißt doch was ich sagen will!

CLAUDINE Nichts weiß ich!

LUBIN Naja, – daß ich dich liebe.

CLAUDINE So was!

LUBIN Jetzt wo ich es geschworen habe, kannst du mirs doch glauben.

CLAUDINE Aha!

LUBIN Ich krieg das Zittern, wenn ich dich anschau.

CLAUDINE Freut mich.

LUBIN Wieso bist du denn so hübsch? Wie machst du denn das?

CLAUDINE Wie mans halt macht.

LUBIN Schau, jetzt reden wir doch gar nicht mehr lang rum: wenn du willst, wirst du meine Frau und ich werde dein Mann und dann sind wir Mann und Frau.

CLAUDINE Jaja, und du bist dann so eifersüchtig wie mein Herr.

LUBIN Nie.

CLAUDINE Also ich, ich kann so mißtrauische Männer nicht leiden. Ich möchte einen, dem das alles nichts ausmacht. Ich möchte einen, der ganz viel Vertrauen hat und ganz fest an meine Keuschheit glaubt und der sich nichts dabei denkt, wenn er mich mit dreißig Männern sieht.

LUBIN Ja, so bin ich! Genau so!

CLAUDINE Das ist das allerschlimmste, wenn einer seiner Frau nicht traut und sie dauernd piesackt. Dabei kommt nie was Gutes für ihn raus, – so ist es doch! Da kommt ja die Frau überhaupt erst auf schlechte Gedanken! Da machen die Männer oft ein Geschrei, sie werden betrogen, und dann werden sies auch.

LUBIN Also gut, du kannst machen was du willst, das garantier ich dir.

CLAUDINE So ist es richtig, so wird man nicht betrogen. Wenn uns der Mann Freiheit gibt, nehmen wir uns nicht mehr, als wir brauchen. Genau wie wenn einer den Geldbeutel hinhält und sagt: Nimm nur! Dann nimmt man sich

140

bescheiden und bleibt mäßig. Aber wenn uns einer schi-
kaniert, der wird kahlgeschoren, dem bleibt nichts erspart.

LUBIN Bei mir kannst du überall reinlangen, braucht mich
nur heiraten.

CLAUDINE Werden wir schon sehn.

LUBIN Na komm her, Claudine.

CLAUDINE Was ist denn?

LUBIN Na, komm her!

CLAUDINE Nur langsam! Anlangen, das gibts nicht.

LUBIN Nur einmal! Nur so aus Freundschaft!

CLAUDINE Laß mich los, sag ich! Das kann ich nicht leiden!

LUBIN Claudine.

CLAUDINE Hau ab!

LUBIN Du bist aber grob zu einem armen Mann! Das ist aber
nicht recht, daß du so abweisend bist! Schämst du dich
nicht! So was Schönes wie du und will nicht mal ein bißchen gekitzelt werden. Schau, so…

CLAUDINE Ich hau dich auf die Nase!

LUBIN Ach, du Biest! Du böse Katze! So bös und so grausam!

CLAUDINE Du wirst mir zu frech.

LUBIN Das schadet doch nichts, laß mich doch ein bißchen
ran.

CLAUDINE Da mußt du dich leider gedulden.

LUBIN Wenigstens einen Kuß, als Vorschuß auf unsere
Hochzeit.

CLAUDINE Von mir nicht.

LUBIN Claudine, bitte, einen! Du kannst ihn ja später wieder abziehen.

CLAUDINE So siehst du aus, das kenn ich schon. – Geh jetzt
und sag dem Herrn Grafen, ich werde seinen Brief schon
richtig abliefern.

LUBIN Leb wohl, du Schönheit mit Borsten.

CLAUDINE Ein nettes Kompliment.

LUBIN Leb wohl, du Felsbrocken, du spitzer Kieselstein, du

Granitblock, du Pflasterstein und sonst noch alles, was hart ist.

CLAUDINE Das geb ich meiner Madame selber in die Hand... Aber da kommt sie gerade mit ihrem Mann; ich verdrück mich lieber und warte bis sie allein ist.

11.

George Dandin, Angélique.

DANDIN Nein, nein, so leicht könnt ihr das nicht mit mir machen. Was ich erfahren habe, das stimmt, das weiß ich. Ich habe ja Augen im Kopf, bessere, als ihr glaubt, und das ganze Gerede von eben hat mich nicht um meinen klaren Verstand gebracht.

12.

Clitandre, Angélique, George Dandin.

CLITANDRE *im Hintergrund, für sich*
Da ist sie ja, aber der Mann ist bei ihr.

DANDIN *ohne Clitandre zu bemerken*
Du kannst Faxen machen, wie du willst, ich weiß doch, was wahr ist und daß du überhaupt keine Achtung davor hast, daß wir zwei Mann und Frau sind.
Clitandre und Angélique begrüßen sich
Da brauchst du keinen Knicks zu machen! Darauf verzichte ich, das meine ich nicht mit Achtung, das ist ja doch bloß zum Spott.

ANGÉLIQUE Ich, Spott? Überhaupt nicht!

DANDIN Ich kenne deine Gedanken und ich weiß genau...
Clitandre und Angélique grüßen einander noch einmal
Noch einmal? Schluß jetzt! Ich weiß schon! Sie sind eine von und zu und dagegen bin ich ein Dreck. Aber ich verlange die Achtung gar nicht für mich selber, für meine

Person, – ich rede nur von der Achtung, die man vor dem heiligen Stand der Ehe haben muß.

Angélique macht Clitandre ein Zeichen

Da brauchen Sie gar nicht mit den Achseln zucken, ich sage nichts Dummes!

ANGÉLIQUE Wer zuckt denn mit den Achseln?

DANDIN Seh ich doch! Ich sage es jetzt noch einmal: Die Ehe ist eine Verbindung, die man hoch achten muß, und es ist sehr schlecht von Ihnen, so damit umzuspringen.

Angélique macht Clitandre mit dem Kopf ein Zeichen

Ja, ja, sehr schlecht von Ihnen! Da brauchen Sie gar nicht den Kopf zu schütteln und mir Fratzen zu schneiden!

ANGÉLIQUE Ich? Fratzen?

DANDIN Das seh ich doch! Ich weiß schon, daß Sie mich verachten. Ich bin zwar nicht von Adel, aber aus einer hochanständigen Familie. Bei den Dandins…

CLITANDRE *hinter Angélique, Dandin bemerkt ihn nicht*

Ich möchte mit Ihnen sprechen, nur einen Moment…

DANDIN *sieht Clitandre nicht*

Wie?

ANGÉLIQUE Was denn? Ich habe nichts gesagt.

Dandin geht um seine Frau herum und Clitandre zieht sich zurück und macht eine tiefe Verbeugung vor George Dandin

13.

George Dandin, Angélique.

DANDIN Da! Da streicht er ja um Sie herum!

ANGÉLIQUE Na und? Was kann ich denn dafür, was soll ich denn dagegen machen?

DANDIN Sie sollen machen, was eine Frau macht, die ihrem Mann gefallen will und niemand sonst. Sag was du willst, kein Mann macht sich an die Weiber ran, wenn die nicht wollen. Die riechen das wie die Fliegen den Honig. Anständige Frauen benehmen sich so, daß es die Männer vertreibt.

ANGÉLIQUE Vertreiben soll ich sie? Warum denn? Ich habe doch nichts dagegen, wenn man mich hübsch findet, im Gegenteil, das macht mir Vergnügen.

DANDIN Naja. Aber was macht dann der Ehemann?

ANGÉLIQUE Ein Ehemann kann sich doch freuen, wenn seine Frau bewundert wird. Das ist Lebensart!

DANDIN Ich danke. Nichts für mich. Solch neuen Moden sind nichts für die Dandins.

ANGÉLIQUE Die Dandins werden sich schon daran gewöhnen, denn *ich* jedenfalls, ich erkläre Ihnen, daß ich nicht gewillt bin, jede Gesellschaft aufzugeben und mich in der Ehe lebendig begraben zu lassen. Ach so? Nur weil es einem Mann einfällt, uns zu heiraten, soll alles für uns zu Ende sein und wir sollen jede Verbindung mit anderen lebenden Menschen abbrechen. Das ist ja eine wunderbare Erfindung, diese Tyrannei der Herren Ehemänner! Das finde ich ja gut: sie wollen einfach, daß man auf jedes Vergnügen verzichtet und daß man nur für sie lebt. Ich jedenfalls will nicht so jung sterben.

DANDIN Ach so ist das! Das ist also die Treue, die du mir öffentlich gelobt hast!

ANGÉLIQUE Ich? Habe ich sie denn freiwillig versprochen? Sie haben mich dazu gezwungen! Haben Sie mich denn vor der Heirat nach meiner Meinung gefragt, – ob Sie mir überhaupt gefallen? Sie haben nur mit meinem Vater und mit meiner Mutter verhandelt – eigentlich haben mein Vater und meine Mutter Sie geheiratet! Wenden Sie sich also immer an die beiden, wenn Sie sich beschweren wollen. Ich habe Ihnen nicht gesagt, daß Sie mich heiraten sollen. Sie haben mich genommen, ohne nach meinen Gefühlen zu fragen. Ich fühle mich also nicht verpflichtet, mich Ihren Wünschen zu unterwerfen, als ob ich Ihre Sklavin wäre. Nein! Wenn Sie gestatten, ich möchte mein Leben genießen, solange ich jung bin, denn wenn ich erst alt bin, dann brauche ich die Freiheit nicht mehr. Ich möchte schicke Leute um mich sehen und ich möchte mir Komplimente machen lassen und mich darüber freuen. Machen Sie sich darauf gefaßt, – zur Strafe! Seien Sie froh, daß ich nichts Schlimmeres will.

DANDIN Aha! So drehen Sie das herum! Aber ich bin schließlich Ihr Mann und ich sage Ihnen: daraus wird nichts!

ANGÉLIQUE Und ich bin Ihre Frau und ich sage Ihnen: daraus wird was!

DANDIN *für sich*

Ich möcht ihr am liebsten so die Fresse zerschlagen, daß ihr keiner mehr ein Kompliment macht! George Dandin, reiß dich zusammen…! Ich kann nicht! Da geh ich besser.

14.

Angélique, Claudine.

CLAUDINE Ich habe schon so darauf gewartet, daß er geht. Ich will Ihnen ein Briefchen geben, Sie wissen schon von wem.

ANGÉLIQUE Gib her!
Sie liest

CLAUDINE *für sich*
Was da drin steht, gefällt ihr nicht schlecht, das kann man sehn.

ANGÉLIQUE Ach, Claudine! Wie schön ist das ausgedrückt! Die Herren vom Hof haben doch eine ganz andere Art in allem, was sie sagen und tun. Wenn ich die mit unserem Landadel vergleiche!

CLAUDINE Das glaub ich. Wenn man einmal so jemand kennengelernt hat, gefallen einem die Dandins nicht mehr.

ANGÉLIQUE Warte hier. Ich schreib gleich die Antwort.
Ab

CLAUDINE *allein*

Ich glaub, ich muß ihr nicht extra zureden, daß sie etwas freundliches schreibt. Aber da ist ja...

15.

Clitandre, Lubin, Claudine.

CLAUDINE Da haben Sie sich ja den richtigen Boten ausgesucht, Monsieur.

CLITANDRE Ich habe nicht gewagt, jemand von meinen Leuten zu schicken. Aber du, Claudine, meine Liebe, du sollst für deine guten Dienste von mir gut belohnt werden.

Er sucht in seinen Taschen

CLAUDINE Nicht nötig, Monsieur. Nein, Monsieur. Bemühen Sie sich nicht. Ich helf Ihnen doch nur, weil Sie es wert sind... und weil ich Sie so nett finde.

CLITANDRE *gibt ihr Geld*

Ich bin dir sehr dankbar.

LUBIN *zu Claudine*

Wir heiraten ja bald. Gib her, ich tus zu meinem dazu.

CLAUDINE Ich hebs schon selber auf, genau wie den Kuß.

CLITANDRE *zu Claudine*

Das Briefchen hast du deiner schönen Herrin gegeben?

CLAUDINE Ja. Sie schreibt schon die Antwort.

CLITANDRE Sag doch, Claudine, ist es denn gar nicht möglich, daß ich mit ihr spreche?

CLAUDINE Doch, kommen Sie! Ich mach das.

CLITANDRE Ist es ihr auch recht? Ist es nicht zu gefährlich?

CLAUDINE Nein, nein. Der Mann ist nicht daheim. Und überhaupt: bei dem muß sie nicht aufpassen; ihr Vater und ihre Mutter, die sind gefährlich. Solang die nichts merken, ist nichts zu befürchten.

CLITANDRE Ich vertraue dir.

LUBIN *allein*

Sakrament! Da krieg ich eine geschickte Frau! Die hat Verstand für vier!

16.

George Dandin, Lubin.

DANDIN Dort ist ja wieder der Kerl. Gebs Gott, daß er meinen Zeugen macht bei ihren Eltern, damit sie endlich glauben, was sie nicht glauben wollen.

LUBIN Aha! Da sind Sie ja! Herr Klatschmaul! Habe ich Ihnen nicht gesagt, Sie sollen den Mund halten und haben Sie mirs nicht versprochen? Sie Schwätzer! Alles weiterreden, was man im Vertrauen sagt!

DANDIN Ich?

LUBIN Alles haben Sie dem Mann von ihr gesteckt, jetzt hat er Krawall geschlagen und Sie sind schuld! Jetzt weiß ich zum Glück, daß Sie den Mund nicht halten können. Ihnen sage ich nichts mehr.

DANDIN Hör zu, mein Lieber...

LUBIN Wenn Sie nicht geschwätzt hätten, dann hätte ich Ihnen erzählt, was jetzt gerade passiert. Aber zur Strafe werden Sie jetzt gar nichts erfahren.

DANDIN Wie? Was passiert denn?

LUBIN Nichts! Gar nichts! Das haben Sie jetzt davon! Hätten Sie dicht gehalten! Von mir kommt nichts mehr, ich laß Sie verhungern.

DANDIN Warte doch!

LUBIN Nein, nichts!

DANDIN Ich will dir doch bloß was sagen!

LUBIN Nein nein. Nicht *sagen,* hören wollen Sie was!

DANDIN Nein, gar nicht.

LUBIN Ich weiß schon, ich bin doch nicht blöd!

DANDIN Hör zu, es geht um was ganz anderes.

LUBIN Nichts zu machen. Sie wollen bestimmt, daß ich sage, ob der Herr Graf der Claudine vielleicht Geld dafür gegeben hat... Und ob die ihn zu ihrer Madame reingelassen hat... Das sag ich aber nicht, ich bin doch nicht blöd.

DANDIN Also ich...

LUBIN Nein!

DANDIN Ich geb dir auch...

LUBIN Hahaha!

17.

DANDIN *allein*

Blöder Hammel! Mit dem ist nichts anzufangen. Aber was ihm da neues herausgerutscht ist, das reicht auch. Wenn dieser Galan wirklich in meinem Haus drin ist, dann komm ich schon zu meinem Recht. Da sehn die Eltern dann, wie unverschämt die Tochter sich aufführt. – Nur das ist dumm: ich weiß nicht, wie ich es jetzt am günstigsten mache. Geh ich jetzt rein ins Haus, dann verscheuch ich den Kerl. Dann seh ich zwar meine Schande, aber es glaubt mir keiner, die sagen mir dann, ich habe geträumt. Andererseits, wenn ich jetzt den Schwiegervater und die Schwiegermutter herhole und bin nicht sicher, daß der Kerl noch drin ist, das ist dann genauso schlecht, dann gehts so aus wie das erste Mal. – Ob ich vielleicht jetzt einmal ganz vorsichtig reinschaue, ob er noch drin ist –

Er sieht durchs Schlüsselloch

Kruzifixsakrament! Eindeutig! Jetzt hab ich ihn durch das Loch in der Tür gesehn. Das ist jetzt Schicksal! Jetzt hab ich den Beweis, wie ich für dumm verkauft, und zum guten Glück kommen ja die Richter in meiner Sache auch gerade dazu, wie gerufen!

18

Herr und Frau von Sotenville, George Dandin.

DANDIN So! Bis jetzt haben Sie mir ja nicht glauben wollen. Bis jetzt hat es Ihre Tochter immer auf mich geschoben. Aber nun habe ich etwas in der Hand. Ich kann es Ihnen zeigen, wie sie mit mir umspringt. Gott sei Dank ist sonnenklar, daß sie mich in Schande bringt. Auch Sie können nicht daran zweifeln.

HERR VON SOTENVILLE Wie, Herr Schwiegersohn? Immer noch diese Geschichte?

DANDIN Ja, immer noch. Und mehr denn je.

FRAU VON SOTENVILLE Sie wollen uns noch einmal damit den Kopf verwirren?

DANDIN Ja, Madame. Meiner wird noch viel wirrer.

HERR VON SOTENVILLE Wollen Sie sich denn immer noch weiter unbeliebt machen?

DANDIN Nein. Aber ich will mich nicht mehr für dumm verkaufen lassen.

FRAU VON SOTENVILLE Wollen Sie sich denn gar nicht befreien von Ihren Wahnideen?

DANDIN Befreien möchte ich mich schon, Madame! Nämlich von einer Frau, die mich in Schande bringt.

FRAU VON SOTENVILLE Herr Schwiegersohn! Bedenken Sie was Sie sagen!

HERR VON SOTENVILLE Aber ich bitte doch! Wählen Sie Ihre Worte sorgfältiger!

DANDIN Wer gestochen wird, der schreit.

FRAU VON SOTENVILLE Vergessen Sie doch nicht immer, daß Sie eine Dame geheiratet haben.

DANDIN Das vergesse ich leider nicht, da denk ich immerzu dran.

HERR VON SOTENVILLE Schön, dann sprechen Sie aber auch mit mehr Respekt von ihr.

DANDIN Aber *sie* braucht wohl überhaupt keinen Respekt zu haben! Aha! Bloß weil sie eine Dame ist, kann sie mit mir machen was sie will? Und ich darf nicht mucksen?

HERR VON SOTENVILLE Was haben Sie eigentlich? Was wollen Sie denn sagen? Haben Sie heute morgen nicht zugehört, wie sie erklärt hat, daß sie den Herrn gar nicht kennt, von dem Sie gesprochen haben?

DANDIN Jaja. Aber jetzt, wenn ich Ihnen zeige, daß der Kerl da drin ist bei ihr, was sagen Sie dann?

FRAU VON SOTENVILLE Bei ihr?

DANDIN Jawohl, bei ihr, in meinem eigenen Hause.

HERR VON SOTENVILLE In Ihrem eigenen Hause?

DANDIN Jawohl, in meinem eigenen Haus.

FRAU VON SOTENVILLE Wenn es so ist, dann sind wir auf Ihrer Seite und gegen unsere Tochter.

HERR VON SOTENVILLE Ja. Die Ehre unserer Familie geht uns über alles. Wenn das wahr ist, dann kennen wir unser Fleisch und Blut nicht mehr, dann überlassen wir unsere Tochter Ihrem Zorn.

DANDIN So kommen Sie nur mit!

FRAU VON SOTENVILLE Aber wehe, Sie täuschen sich!

HERR VON SOTENVILLE Machen Sie nur nicht solche Geschichten wie das letzte Mal!

DANDIN Sie werden schon sehn!

Er zeigt auf Clitandre, der mit Angélique aus dem Haus tritt

Na, habe ich gelogen?

19.

Angélique, Clitandre, Herr von Sotenville, Frau von Sotenville, George Dandin.

ANGÉLIQUE *zu Clitandre*

Leben Sie wohl. Ich habe Angst, daß man Sie hier entdeckt, ich muß mich sehr in acht nehmen.

CLITANDRE Aber Sie müssen mir versprechen, Madame, daß ich Sie heute nacht wiedersehe.

150

ANGÉLIQUE Ich werde alles versuchen.

DANDIN *zu Herrn und Frau von Sotenville*
Ganz leise von hinten heran, und still, das uns niemand sieht.

CLAUDINE *zu Angélique*
Madame, alles ist aus! Da stehen Ihre Eltern! Und Ihr Mann ist auch dabei!

CLITANDRE Um Gottes willen!

ANGÉLIQUE *leise zu Clitandre und Claudine*
Tut, als ob nichts wäre, und laßt mich machen.

laut zu Clitandre
Wie! Sie wagen es, nach dem, was heute morgen geschehen ist, sich so zu benehmen? So also haben Sie Ihre Gefühle im Zaum? Man hat mir erzählt, Sie seien verliebt in mich und Sie hätten vor, mich zu erobern. Ich verabscheue das, – das sage ich Ihnen klar und deutlich vor allen Leuten! Sie beteuern hoch und heilig, es sei nicht so, und geben mir Ihr Wort, daß Sie mich mit keinem Gedanken beleidigen wollen: und doch haben Sie die Unverfrorenheit, am gleichen Tag noch in mein Haus zu kommen, mir einen Besuch zu machen und mir zu sagen, Sie seien in mich verliebt und hundert Albernheiten mehr, um mich so weit zu bringen, daß ich auf Ihre Verrücktheiten eingehe. Als ob ich eine Frau wäre, die ihrem Mann die Treue bricht! Als ob ich je vergessen würde, was meine Eltern mich gelehrt haben! Wenn mein Vater das wüßte, er würde Sie schon lehren! Er würde Ihnen solche Unternehmungen schon austreiben! Aber eine anständige Frau will keinen Skandal. Ich werde ihm also nichts weiter davon sagen.

Sie winkt Claudine, einen Stock zu bringen
Aber Ihnen werde ich zeigen, daß ich mich selber für eine Beleidigung rächen kann, wenn ich auch nur eine schwache Frau bin. Sie haben sich nicht wie ein Edelmann betragen und so werde ich Sie nicht wie einen Edelmann behandeln.

Angélique nimmt den Stock und hebt ihn gegen Clitandre,
der so ausweicht, daß die Schläge George Dandin treffen
CLITANDRE *schreit, als ob er getroffen wäre*
Au, au, au, nicht doch, nicht doch!

20.

Herr und Frau von Sotenville, Angélique, George Dan-
din, Claudine.
CLAUDINE Fest, Madame, hauen Sie nur drauf!
ANGÉLIQUE *tut so, als ob sie mit Clitandre spräche*
Wenn Sie sonst noch etwas auf dem Herzen haben, sagen
Sies nur! Sie bekommen Antwort!
CLAUDINE Jetzt wissen Sie, was los ist.
ANGÉLIQUE *stellt sich erstaunt*
Ah, mein Vater! Sie sind da!
HERR VON SOTENVILLE Ja, liebe Tochter. Und ich sehe, dein
Mut und deine Besonnenheit zeigen, daß du eine echte
Sotenville bist. Komm her, komm, ich muß dich in meine
Arme schließen.
FRAU VON SOTENVILLE Komm auch in meine Arme, liebe
Tochter! Ich weine vor Freude. Was du getan hast...
daran erkenne ich mein Blut wieder.
HERR VON SOTENVILLE Herr Schwiegersohn, wie müssen Sie
jetzt entzückt sein! Dieses Erlebnis muß doch wundervoll
für Sie sein. Sie hatten ernsten Anlaß zur Unruhe, aber
der Verdacht wurde in der allerschönsten Weise zer-
streut.
FRAU VON SOTENVILLE Ja, Herr Schwiegersohn, nun sind Sie
aber der glücklichste aller Männer.
CLAUDINE Bestimmt! *Das* ist eine Frau! So ein Glück für
Sie, daß Sie sie haben. Den Boden müßten Sie küssen, auf
dem sie geht.
DANDIN *für sich*
Falsches Stück!

HERR VON SOTENVILLE Was ist denn, Herr Schwiegersohn? Wollen Sie denn Ihrer Frau gar nicht ein wenig danken für die Treue und Zuneigung, die sie Ihnen so deutlich zeigt?

ANGÉLIQUE Nein, nein, mein Vater. Das ist nicht nötig, er schuldet mir keinen Dank für das, was er eben gesehen hat; das entspricht nur meinen Gefühlen, deshalb habe ich es getan.

HERR VON SOTENVILLE Wo gehen Sie denn hin, meine liebe Tochter?

ANGÉLIQUE Ich gehe hinein, Vater, ich mag mir seine Lobsprüche nicht anhören.

CLAUDINE Recht hat sie! Da wäre ich auch wütend! Diese Frau muß man anbeten. Und Sie? Was machen Sie?

DANDIN *für sich*
    Aas!

21.

Herr von Sotenville, Frau von Sotenville, George Dandin.

HERR VON SOTENVILLE Ach, nur eine kleine Verstimmung wegen der Vorfälle von heute morgen... Ein bißchen liebenswürdiger, Herr Schwiegersohn, und es geht vorbei. Leben Sie wohl, Herr Schwiegersohn, keine Sorge, keine Sorge! Schließen Sie Frieden miteinander, sie wird sofort ruhig und zufrieden sein, wenn Sie sich entschuldigen.

FRAU VON SOTENVILLE Bedenken Sie, sie ist ganz streng zur Tugendhaftigkeit erzogen worden. Sie kann es gar nicht fassen, daß man sie so verdächtigt. Leben Sie wohl. Ich bin so froh, daß es ein Mißverständnis war und daß das Verhalten meiner Tochter Ihnen soviel Grund zur Freude gibt.

Dandin allein.

DANDIN Jetzt sag ich kein Wort mehr. Es nützt ja doch nichts, wenn ich was sage. Hat einer schon sowas gesehen wie mich? So viel Pech! Ich fang schon an mich zu bewundern, deswegen! Und die, wie die das dreht, daß sie am Schluß immer recht hat und ich unrecht, – die bewundere ich noch mehr. Wie macht die denn das? Immer bin ich der Dumme und immer ist der Schein am Schluß gegen mich, und ich kann das Luder nicht überführen. Lieber Gott, hilf mir doch, hilf mir doch, daß ich den Leuten zeigen kann, wie man mir Schimpf und Schande antut!

23.

Clitandre, Lubin.

CLITANDRE Es ist tiefe Nacht, ich fürchte, es ist schon zu spät. Ich sehe überhaupt nichts, Lubin.

LUBIN Monsieur?

CLITANDRE Geht es hier weiter?

LUBIN Ich glaube, ja. Die Nacht ist was Dummes! Warum muß es denn grade in der Nacht so dunkel sein!

CLITANDRE Das ist wirklich dumm. Aber weißt du, sie hindert uns zwar am Sehen, aber sie verhindert auch, daß wir gesehen werden.

LUBIN Richtig! Doch nicht so dumm von der Nacht. Aber Sie sind doch ein gebildeter Herr, Monsieur, – warum ist es denn nicht bei Nacht Tag und am Tag Nacht?

CLITANDRE Das ist eine große Frage, sehr kompliziert. Du willst auch alles wissen, Lubin.

LUBIN Ja. Wenn ich studiert hätte, dann wäre ich auf Sachen gekommen, auf die kann man gar nicht kommen.

CLITANDRE Das glaube ich, Du hast einen scharfen, durchdringenden Verstand.

LUBIN Stimmt. Zum Beispiel: Ich verstehe Latein und habs
nie gelernt. Ich habe einmal gelesen: i-u-s-t-i-t-i-a und da
habe ich mir sofort gedacht, das heißt Justitia.

CLITANDRE Hervorragend! Du kannst sogar lesen, Lubin?

LUBIN Ja. Was gedruckt ist, kann ich lesen, was geschrieben
ist, nicht.

CLITANDRE Jetzt sind wir am Haus.
Er klatscht in die Hände
Das ist das Zeichen, ich habe es mit Claudine verabredet.

LUBIN Also, die ist ihr Geld wert! Also, die liebe ich!

CLITANDRE Deshalb habe ich dich ja mitgenommen. Jetzt
kannst du dich ja mit ihr vergnügen.

LUBIN Ach, Monsieur, ich bin Ihnen so… ich bin…

CLITANDRE Scht! Ich höre etwas!

24.

Angélique, Claudine, Clitandre, Lubin.

ANGÉLIQUE Claudine!

CLAUDINE Ja?

ANGÉLIQUE Laß die Tür offen.

CLAUDINE Ja, Madame.
*Nächtliche Szene. Die Schauspieler suchen einander im
Dunkeln.*

CLITANDRE *zu Lubin*
Sie sind es! Pst!

ANGÉLIQUE Pst!

LUBIN Pst!

CLAUDINE Pst!

CLITANDRE *zu Claudine, die er für Angélique hält*
Madame!

ANGÉLIQUE *zu Lubin, den sie für Clitandre hält*
Ja?

LUBIN *zu Angélique, die er für Claudine hält*
Claudine!

155

CLAUDINE *zu Clitandre, den sie für Lubin hält*
Was willst du?

CLITANDRE *spricht zu Claudine, meint, es sei Angélique*
Ach, Madame, wie froh bin ich...

LUBIN *spricht zu Angélique, meint, es sei Claudine*
Claudine, Claudinchen...

CLAUDINE *zu Clitandre*
Langsam, Monsieur.

ANGÉLIQUE *zu Lubin*
Sachte, sachte, Lubin.

CLITANDRE Ach, du bists, Claudine?

CLAUDINE Ja.

LUBIN Sie sind das, Madame?

ANGÉLIQUE Ja.

CLAUDINE *zu Clitandre*
Sie haben uns verwechselt.

LUBIN *zu Angélique*
Also, so eine Nacht, da sieht man gar nichts.

ANGÉLIQUE Sind Sies, Clitandre, oder nicht?

CLITANDRE Ja, Madame.

ANGÉLIQUE Mein Mann liegt drin und schnarcht. Ich habe
den Augenblick benutzt, um Sie zu sehen.

CLITANDRE Suchen wir uns einen Platz, wo wir uns hinset-
zen können.

CLAUDINE Ja! Sehr gut!
*Angélique, Clitandre und Claudine setzen sich im Hinter-
grund der Bühne.*

LUBIN *sucht Claudine*
Claudine! Wo bist du denn?

25.

Angélique, Clitandre, Claudine im Hintergrund; George
Dandin kommt, halb angezogen. Lubin.

DANDIN *für sich*

Ich habe meine Frau gehört, wie sie die Treppe herunter-
gegangen ist. Da habe ich mir schnell was angezogen und
bin ihr nach. Wo kann sie denn hin sein? Nach draußen?

LUBIN *sucht Claudine und hält George Dandin für Claudine*

Wo steckst du denn, Claudine? Ach, da bist du! Na, deinem Herrn haben wirs ja gegeben! Das, und die Prügel
vorhin!

Lacht

Habs grade gehört.

Lacht

Deine Madame hat gesagt, jetzt schnarcht er wie ein
Ochse, keine Ahnung hat er...

Kichert, kann nicht weiterreden

...daß sie jetzt mit dem Dings zusammen ist, ...mit dem
Grafen. Und er schnarcht! Was meinst du, was der jetzt
gerade träumt?

Er lacht

Siehst du, bloß weil er so eifersüchtig ist und will sie allein
haben! Was bildet sich der denn ein? Dabei könnte er
doch stolz sein, daß der Herr Graf – Claudine, warum
sagst du denn nichts? Komm, machen wirs doch genau so!
Gib mir mal dein Pfötchen, dann küß ichs. Mmm! Süß wie
Marmelade!

*Zu George Dandin, den er immer noch für Claudine hält
und der ihn heftig zurückstößt*

Was machst du denn? Das ist aber ein böses Pfötchen!

DANDIN Wer ist das?

LUBIN *zu Tod erschrocken*

Niemand.

DANDIN Da rennt er – wenigstens weiß ich jetzt das Neu-
este. Los, jetzt schnell die Eltern her! Das reicht jetzt, damit werde ich sie los. Heh! Colin! Colin!

Angélique, Clitandre, Lubin im Hintergrund. Dandin, Colin.

COLIN *am Fenster*
Was ist?

DANDIN Schnell! Komm runter!

COLIN *fällt aus dem Fenster*
Da bin ich. Schneller gehts nicht.

DANDIN Bist du da?

COLIN Ja, hier.
Während George Dandin an die Stelle geht, von wo er Colins Stimme gehört hat, geht Colin auf die andere Seite und schläft ein

DANDIN *Wendet sich nach der Seite, wo er Colin vermutet*
Vorsicht! Sprich leise. Du gehst zu meinen Schwiegerel-tern und sagst sie sollen bitte sofort hierher kommen. Hast du verstanden? He! Colin! Colin!

COLIN *auf der anderen Seite, wacht auf*
Was ist?

DANDIN Wo bist du denn? Verdammt!

COLIN Hier.

DANDIN Hundsknochen, jetzt ist er woanders.
George Dandin geht dahin, wo er Colins Stimme gehört hat, inzwischen ist Colin im Halbschlaf auf die andere Seite gegangen und schläft wieder ein
Ich sage dir, du sollst auf der Stelle zu meinen Schwiege-reltern laufen und zu ihnen sagen, es ist ganz dringend, sie sollen sofort herkommen. Hast du verstanden? Gib Antwort! Colin! Colin!

COLIN *auf der anderen Seite, wacht auf*
Was ist?

DANDIN Der Kerl macht mich verrückt. Hierher! Mach schon!
Sie stoßen zusammen und fallen beide hin
Du Rindvieh! Ach, du brichst mir die Knochen! He, wo

bist du? Komm her, ich schlag dich grün und blau! Du willst wohl nicht?

COLIN Nein.

DANDIN Willst du wohl!

COLIN Nein, nein!

DANDIN Herkommen, sag ich!

COLIN Lieber nicht, Sie wollen mich prügeln.

DANDIN Na also gut, ich tu dir nichts.

COLIN Bestimmt?

DANDIN Ja, jetzt komm her!

Er hält Colin am Arm fest

Dein Glück, daß ich dich brauche! Jetzt lauf schnell und bitte meinen Schwiegervater und meine Schwiegermutter, sie sollen herkommen so schnell wie möglich, und sag ihnen die Sache ist sehr wichtig. Und wenn sie nicht wollen, weil es so spät ist, dann läßt du nicht locker, dann machst du ihnen klar, es ist unbedingt wichtig, daß sie kommen, ganz gleich in welchem Aufzug. Hast du das jetzt verstanden?

COLIN Ja.

DANDIN Mach schnell! Und gleich wieder zurück!

Er glaubt sich allein

Und ich, ich geh jetzt ins Haus zurück und dort warte ich bis... Aber da hör ich jemand! Ist das meine Frau? Da stelle ich mich jetzt im Finstern hin und horche.

George Dandin stellt sich neben die Haustür

27.

Angélique, Clitandre, Claudine, Lubin, George Dandin.

ANGÉLIQUE *zu Clitandre*

Leben Sie wohl. Ich muß zurück.

CLITANDRE Ach! Jetzt schon!

ANGÉLIQUE War es denn nicht lang genug?

CLITANDRE Ach, Madame! Könnte ich je lange genug mit

Ihnen zusammensein? Wie soll ich denn in so kurzer Zeit all die Worte finden, die ich Ihnen sagen möchte. Tage bräuchte ich dazu, ganze Tage! Ach, alles erklären, was ich fühle! Fast nichts habe ich Ihnen gesagt und soviel habe ich auf dem Herzen!

ANGÉLIQUE Das nächste Mal. So gern höre ich Ihnen zu!

CLITANDRE Sie treffen mich ins Herz, wenn Sie mir sagen: ich gehe jetzt. So tief betrübt wollen Sie mich verlassen?

ANGÉLIQUE Wir finden schon eine Möglichkeit uns wieder-zusehn.

CLITANDRE Ja. Aber die Vorstellung, daß Sie jetzt von mir gehen zu Ihrem Mann! Dieser Gedanke ist mein Tod. Die Rechte des Ehemanns sind eine Folter für den Lieben-den.

ANGÉLIQUE Ach, machen Sie sich wirklich deswegen Ge-danken? Glauben Sie denn, daß man diese Sorte von Ehemännern überhaupt lieben kann? Man nimmt sie eben, weil man sich nicht dagegen wehren kann, weil man von den Eltern abhängig ist, die nur aufs Geld sehen; aber man behandelt sie auch entsprechend und sie kriegen ge-nau das, was sie verdienen.

DANDIN So sind sie!

CLITANDRE Es ist wirklich wahr, Sie haben einen Mann be-kommen, der Sie nicht wert ist. Das ist wirklich eine selt-same Verbindung: eine Frau wie Sie und ein Mann wie er.

DANDIN Ehemänner! So gehts euch!

CLITANDRE Sie hätten ein ganz anderes Leben verdient, Sie sind nicht dafür geboren, mit einem Bauern im Bett zu liegen.

DANDIN Ja, ja, aber mit dir! Aber wenn du sie hättest, wür-dest du bald anders reden. Ich geh jetzt hinein, mir reichts.

George Dandin geht hinein und sperrt hinter sich die Tür zu

28

Angélique, Clitandre, Claudine, Lubin.

CLAUDINE Wenn Sie noch was Schlechtes über Ihren Mann
   sagen wollen, sagen Sie es schnell, Madame. Es ist schon
   spät.

CLITANDRE Ach, Claudine, du bist so grausam.

ANGÉLIQUE *zu Clitandre*
   Sie hat recht. Wir müssen uns trennen.

CLITANDRE Es muß also sein, weil Sie es wünschen. Aber
   haben Sie wenigstens Mitleid mit mir, jetzt kommen
   traurige Stunden für mich.

ANGÉLIQUE Leben Sie wohl!

LUBIN Wo bist du, Claudine? Gute Nacht, ich will dich um-
   armen!

CLAUDINE Schon recht, geh nur, ich umarm dich von wei-
   tem.

29.

Angélique, Claudine.

ANGÉLIQUE Jetzt leise ins Haus.

CLAUDINE Die Tür ist zugesperrt.

ANGÉLIQUE Ich habe den Schlüssel.

CLAUDINE Dann schließen Sie auf, leise!

ANGÉLIQUE Es ist von innen verriegelt, was machen wir
   denn da?

CLAUDINE Rufen Sie den Knecht, der schläft doch da.

ANGÉLIQUE Colin! Colin! Colin!

30.

George Dandin, Angélique, Claudine.

DANDIN *am Fenster*

Colin! Colin! Hahaha! Jetzt habe ich Sie erwischt, Madame Frau Gemahlin! Ich schlafe und Sie machen Ihre Eskapaden! Sehr schön! Sehr schön! Vor allem, weil ich Sie um diese Zeit da draußen sehe.

ANGÉLIQUE Warum denn nicht? Man kann doch wohl noch ein bißchen die kühle Nachtluft atmen.

DANDIN Kühle Nachtluft atmen! Jaja. Besonders um diese Zeit! Deine eigene Hitze hat dich rausgetrieben, du Luder! Das kennen wir. Ich habe alles gehört, wie ihr euch getroffen habt, du und dein Gockel. Eure galanten Sauereien und die schönen Sprüch über mich, habe ich alles gehört! Aber jetzt habe ich einen Trost, jetzt kann ich mich rächen. Jetzt kann ich Ihrem Vater und Ihrer Mutter beweisen, daß ich recht gehabt habe. Daß ich mich mit Recht beschwert habe! Jetzt können sie sehen, wie du dich aufführst. Ich habe sie schon holen lassen, gleich sind sie da.

ANGÉLIQUE *für sich*
O Gott!

CLAUDINE Madame!

DANDIN Das ist ein Schlag, wie? Darauf waren Sie nicht gefaßt, wie? Jetzt bin ich dran! Aus ist es mit deinem Hochmut und mit deinen Finessen! Jetzt hab ich dich! Jetzt kannst du deinen Eltern nichts mehr vormachen, jetzt kannst du nichts mehr vertuschen! Ich habe immer sehen können und sagen können, was ich wollte, immer hast du mirs umgedreht und immer hast du es fertig gebracht, daß du recht kriegst. Aber diesmal kommt die Wahrheit heraus und du kriegst das Maul gestopft.

ANGÉLIQUE Ich bitte Sie, machen Sie die Tür auf.

DANDIN Nein, nein. Jetzt warten wir erst, bis sie da sind: die sollen dich da draußen sehen, jetzt, um diese Zeit. Solang wir auf sie warten, kannst du dir ja was ausdenken in deinem Kopf, einen neuen Dreh, wie du aus der Sache rauskommst. Erfind doch was! Los! Lüg doch wieder was zusammen! Damit sie wieder darauf reinfallen; und du

162

wieder unschuldig dastehst, los! Irgendwas besonderes! Ein Bußgang im Finstern! Schlafwandeln! Oder hat eine Freundin vielleicht die Wehen und braucht Beistand!

ANGÉLIQUE Nein. Ich will Ihnen gar nichts vormachen. Ich will mich nicht verteidigen und auch nicht leugnen. Sie wissen ja alles.

DANDIN Aha, jetzt merkst du, daß alle Löcher verstopft sind. Jetzt fällt dir keine Ausrede mehr ein, ich kann sie alle widerlegen.

ANGÉLIQUE Ja, ich gebe zu, daß ich unrecht getan habe. Sie haben Grund, sich zu beschweren. Aber ich bitte Sie, ich bitte Sie, setzen Sie mich nicht dem Zorn meiner Eltern aus. Ach, bitte, machen Sie mir die Tür auf!

DANDIN Ich küsse Ihre Hand.

ANGÉLIQUE Ach, mein lieber guter Mann, ich flehe Sie an!

DANDIN Was? Mein lieber guter Mann! Ich bin jetzt auf einmal Ihr lieber guter Mann! Weil du auf einmal merkst, daß du in der Falle hockst! Das tut mir aber wohl, so lieb und süß warst du bis jetzt noch nie zu mir!

ANGÉLIQUE Ach bitte, ich mache Ihnen nie wieder Kummer, das verspreche ich Ihnen. Ich will –

DANDIN Das ist mir gleich. Diesmal hab ich dich. Jetzt wollen wir mal reinleuchten in diese Kloake, jetzt soll mal jeder sehn, was du für eine bist!

ANGÉLIQUE Ach bitte, um Gottes Willen! Lassen Sie mich etwas sagen! Ich bitte Sie um einen Augenblick Gehör.

DANDIN Was? Was ist denn?

ANGÉLIQUE Es ist wahr, ich habe unrecht getan, und ich sage es noch einmal: Sie haben Grund, zornig auf mich zu sein. Während Sie geschlafen haben, bin ich aus dem Haus gegangen, und zwar, um mich mit jemand zu treffen; und es war auch derjenige, den Sie meinen. Aber Sie müssen doch bedenken, daß ich noch so jung bin. Das macht es vielleicht verzeihlich. Das sind Dummheiten, die ein junges Mädchen macht, das noch nichts gesehen und noch nichts erlebt hat, das gerade erst in das Leben eintritt. Man nimmt sich Freiheiten heraus, ohne sich etwas Böses dabei zu denken, und sie sind auch im Grunde wirklich –

DANDIN Hört! Hört! Wers glaubt wird selig.

ANGÉLIQUE Ich will meine Schuld damit gar nicht geringer machen, aber vielleicht können Sie die Kränkung, die ich Ihnen angetan habe, vergessen. Ich bitte Sie von ganzem Herzen, verzeihen Sie mir doch und ersparen Sie mir die Begegnung mit meinen Eltern, die bösen Vorwürfe, die sie mir machen werden. Wenn Sie so großmütig sein könnten und mir diese Bitte gewähren würden, dann hätten Sie mich durch so viel Güte und Nachsicht ganz für sich gewonnen. Ich wäre davon so gerührt, es würde in meinem Herzen mehr bewirken als die Autorität meiner Eltern und alle Ehegesetze. Ich würde jeden Verehrer fortschicken und nur Sie lieben. Ich verspreche Ihnen, ich bin dann die beste Frau von der Welt. Ich werde Sie so sehr lieben, so sehr, daß Sie immer zufrieden sein werden.

DANDIN Du Krokodil! Erst schmeicheln und dann auffressen!

ANGÉLIQUE Ach seien Sie doch gnädig!

DANDIN Nichts zu machen. Ich bin nicht zu erweichen.

ANGÉLIQUE Zeigen Sie sich großmütig!

DANDIN Nein.

ANGÉLIQUE Gnade!

DANDIN Nichts gibts!

ANGÉLIQUE Ich flehe Sie an, aus tiefstem Herzen.

DANDIN Nein nein nein! Alles muß jetzt aufgedeckt werden.

ANGÉLIQUE Gut. Wenn Sie mich zur Verzweiflung treiben, dann warne ich Sie! Eine verzweifelte Frau ist zu allem fähig. Ich werde etwas tun, was Sie bereuen werden!

DANDIN So? Und was wollen Sie denn machen, bitte?

ANGÉLIQUE Die Verzweiflung treibt mich zum Äußersten! Ich werde mich töten, mit diesem Messer, an dieser Stelle.

DANDIN So so. Na bitte! Auch gut!

ANGÉLIQUE Nicht so gut für Sie, wie Sie denken. Jeder weiß, daß wir Streitigkeiten haben und daß Sie immer gegen mich wüten. Wenn man meine Leiche findet, dann wird jeder glauben, Sie haben mich umgebracht. Und meine Eltern sind nicht Leute, die meinen Tod ungesühnt lassen. Sie werden Sie mit ihrem Zorn verfolgen und dafür sorgen, daß Sie nach Recht und Gesetz die schwerste Strafe dafür bekommen. So werden sie mich an Ihnen rächen. Ich bin nicht die Erste. Schon viele haben sich so gerächt. Sie haben sich aus Rache selbst getötet, um die Männer, die sie zum Äußersten getrieben haben, zu vernichten.

DANDIN Ergebenster Diener! Wer bringt sich denn schon noch um, das ist doch schon lang nicht mehr modern.

ANGÉLIQUE Es ist mir ganz ernst. Ich bringe mich wirklich um, wenn Sie die Tür nicht aufmachen. Dann sehen Sie wie weit ein Mensch in seiner Verzweiflung kommen kann.

DANDIN Ich laß mir doch von dir nicht Angst machen!

ANGÉLIQUE Ja... ja! So ist es gut für uns beide. Denken Sie ruhig, es ist ein Spaß.

Sie tut, als ob sie sich mit dem Messer umbringen würde
Jetzt ist es getan. ...Rache für meinen Tod...

Sie schreit

Der da oben hat mich auf dem Gewissen! Der da! Der hat mich auf dem Gewissen! Bestraft ihn!

DANDIN Was, bringt die sich wirklich um, – bloß damit ich gehängt werde? Wo ist denn der Leuchter? Ich muß doch einmal nachschaun.

31.

Angélique, Claudine.

ANGÉLIQUE Scht! Wir stellen uns ganz dicht an die Tür. Du da und ich da.

Angélique, Claudine, George Dandin.
Dandin kommt mit dem Leuchter in der Hand aus dem Haus; in diesem Moment schlüpfen Angélique und Claudine ins Haus und riegeln die Tür von innen ab.

DANDIN Kann ein Weib wirklich so bösartig sein?
Nachdem er überall nachgesehn hat
Kein Mensch! Das hab ich mir gedacht. Das Luder ist weggelaufen, wie sie gesehn hat, daß bei mir nichts zu holen ist, nicht mit Bitten und nicht mit Drohen. Um so besser. Das macht für sie alles noch schlechter. Wenn der Vater kommt und wenn die Mutter kommt, sehen die noch besser was die Tochter verbrochen hat. Weggelaufen!
Er geht zur Tür und will ins Haus
Ach, jetzt ist die Tür zu. Heh, holla, aufmachen! Schnell!

Angélique, Claudine am Fenster. George Dandin.

ANGÉLIQUE Wie, du bist es? Wo kommst du denn her, du Lump? Ist das vielleicht eine Zeit, wo man nach Hause kommt? Es ist ja schon gleich Tag. Führt sich so ein anständiger Ehemann auf?

CLAUDINE Das ist ja allerhand! Säuft die ganze Nacht durch und läßt seine arme junge Frau allein daheim sitzen!

DANDIN Was? Ihr habt –

ANGÉLIQUE Weg mit dir! Fort! Ich habe genug von deinem schlechten Lebenswandel, ich beschwere mich jetzt bei meinen Eltern, ich halte es nicht mehr aus!

DANDIN Was? Ihr zwei, ihr wollt mich –

Herr und Frau von Sotenville in Nachtgewändern, Colin
mit Laterne, Angélique und Claudine am Fenster;
George Dandin.

ANGÉLIQUE *zu Herrn und Frau von Sotenville*
Ach, bitte, kommen Sie her zu mir! Schützen Sie mich vor
der Unverschämtheit meines Mannes! Sie ist beispiellos!
Der Wein und die Eifersucht haben ihn so verrückt gemacht, daß er nicht mehr weiß, was er sagt und was er tut!
Er hat Sie ja selber holen lassen, damit Sie sehen, wie ers
treibt! Da ist er! Sehn Sie nur! Grad ist er heimgekom-
men, die ganze Nacht war er nicht zu Hause! Aber er
kommt euch bestimmt mit den übelsten Vorwürfen gegen
mich. Ich soll mich heimlich herumgetrieben haben, und
was sonst noch alles!

DANDIN *für sich*
Tückisches Luder!

CLAUDINE Er hat uns einreden wollen, *er* wär im Haus gewesen und wir draußen! So ein Unsinn! Er ließ sich gar
nicht davon abbringen.

HERR VON SOTENVILLE Was? Was soll denn das heißen?

FRAU VON SOTENVILLE Unverschämtheit, uns deshalb zu
holen!

DANDIN Nie hätte ich –

ANGÉLIQUE Ach, Vater, ich kann so einen Mann nicht länger ertragen. Ich kann nicht mehr... meine Geduld ist zu
Ende... und die Schimpfworte, die er gebraucht!

HERR VON SOTENVILLE Verflucht nochmal! Sie sind ein
nichtswürdiger Mensch!

CLAUDINE Es ist furchtbar, wenn eine Frau so behandelt
wird! Wenn man das mitansehen muß! Das schreit zum
Himmel!

DANDIN Darf man...

HERR VON SOTENVILLE Schämen Sie sich! Schämen Sie sich
zu Tode!

DANDIN Nur zwei Worte möchte ich Ihnen sagen...

ANGÉLIQUE Hören Sie ihn ruhig an. Er wird Ihnen schon
was erzählen!

DANDIN *für sich*
Es ist sinnlos.

CLAUDINE Er hat so viel getrunken, daß man es in seiner
Nähe nicht aushält. Bis zu uns herauf riecht man ja die
Fahne!

DANDIN Herr Schwiegervater... ich schwör Ihnen...

HERR VON SOTENVILLE Bitte mehr Abstand, Sie riechen aus
dem Mund.

DANDIN Madame, ich bitte Sie...

FRAU VON SOTENVILLE Nicht zu nah! Ihr Atem ist verpestet!

DANDIN *zu Herrn von Sotenville*
Aber bitte, erlauben Sie mir doch...

HERR VON SOTENVILLE Weg, habe ich gesagt! Sie sind nicht
zu ertragen.

DANDIN *zu Frau von Sotenville*
Aber ich muß doch wenigstens...

FRAU VON SOTENVILLE Huh! Mir wird ganz übel! Gehen Sie
weiter weg! Dann können Sie sprechen!

DANDIN Also gut, dann spreche ich von weiter weg. Ich
schwöre Ihnen, ich habe das Haus nicht verlassen. *Sie* ist
weggegangen.

ANGÉLIQUE Hab ichs nicht gesagt!

CLAUDINE Sie sehen ja.

HERR VON SOTENVILLE *zu Dandin*
Sie wollen sich wohl über uns lustig machen? Kommen
Sie, Tochter! Kommen Sie herunter zu uns!

35.

Herr von Sotenville, Frau von Sotenville, George Dandin, Colin.

DANDIN So wahr mir Gott helfe, ich war im Haus und dann –

168

HERR VON SOTENVILLE Schweigen Sie! Sie werden uner-
    träglich.

DANDIN Mich soll der Blitz erschlagen, wenns nicht wahr ist.
    Wenn ich –

HERR VON SOTENVILLE Schwätzen Sie uns nicht länger die
    Ohren voll, denken Sie lieber daran, Ihre Frau um Ver-
    zeihung zu bitten.

DANDIN Ich – um Verzeihung bitten?

HERR VON SOTENVILLE Ja, und zwar sofort.

DANDIN Was soll ich?

HERR VON SOTENVILLE Verflucht nochmal! Noch eine Wi-
    derrede und ich bringe Ihnen bei, daß man mit unserei-
    nem nicht spaßen kann!

DANDIN Ach, George Dandin!

36.

Herr von Sotenville, Frau von Sotenville, Angélique,
Dandin, Claudine, Colin.

HERR VON SOTENVILLE Kommen Sie, kommen Sie her zu
    uns, liebe Tochter, Ihr Mann soll Sie um Verzeihung bit-
    ten.

ANGÉLIQUE Ich soll ihm das alles verzeihen, was er zu mir
    gesagt hat? Das kann ich nicht! Nein, Vater, das ist mir
    unmöglich! Ich bitte Sie, trennen Sie mich von diesem
    Mann, ich kann nicht mit ihm leben.

CLAUDINE Das kann niemand!

HERR VON SOTENVILLE Liebe Tochter, solche Trennungen
    führen immer zu einem Skandal. Sie müssen die Klügere
    sein und diesmal noch Geduld haben.

ANGÉLIQUE Geduld haben! Nach diesen schrecklichen Sze-
    nen! Das kann ich nicht, das kann ich nicht, Vater.

HERR VON SOTENVILLE Es muß sein, meine Tochter. Ich be-
    fehle es.

ANGÉLIQUE Dieses Wort schließt mir den Mund. Sie haben
    ja alle Macht über mich.

CLAUDINE Wie sanft!

ANGÉLIQUE Es ist hart, wenn man gezwungen wird, solche schrecklichen Beschimpfungen zu vergessen, ...aber ich muß Ihnen gehorchen.

CLAUDINE Armes Opferlamm!

HERR VON SOTENVILLE *zu Angélique*

Treten Sie her zu mir.

ANGÉLIQUE Was Sie jetzt auch tun, es wird nichts nützen, – morgen geht es wieder von vorn los.

HERR VON SOTENVILLE Das werden wir schon sehen.

Zu Dandin

Auf die Knie!

DANDIN Auf die Knie?

HERR VON SOTENVILLE Ja, auf die Knie! Und zwar sofort!

George Dandin kniet nieder, mit dem Leuchter in der Hand

DANDIN *für sich*

O Gott!

Zu Herrn von Sotenville

Was soll ich sagen?

HERR VON SOTENVILLE Liebe Gattin, ich bitte Sie um Verzeihung –

DANDIN Liebe Gattin, ich bitte Sie um Verzeihung –

HERR VON SOTENVILLE – für den groben Unfug

DANDIN – für den groben Unfug

zu sich

– daß ich dich geheiratet habe.

HERR VON SOTENVILLE – und ich verspreche Ihnen, daß ich mich in Zukunft besser benehme.

DANDIN – und ich verspreche Ihnen, daß ich mich in Zukunft besser benehme.

HERR VON SOTENVILLE So! Und nun sehen Sie sich vor... Dies war die letzte Unverschämtheit, die wir Ihnen durchgehen lassen.

FRAU VON SOTENVILLE Ja, weiß Gott! Wenn Sie noch einmal damit anfangen, dann wird man Ihnen Respekt beibringen – vor ihr und vor ihren Eltern.

HERR VON SOTENVILLE Es wird schon Tag. Leben Sie wohl.
Gehn Sie hinein, denken Sie daran, sich zu bessern.
Zu Frau von Sotenville
Und wir, meine Liebe, gehn jetzt wieder zu Bett.

37.

George Dandin allein.

DANDIN Ich gebs auf. Da hilft nichts mehr. Wenn man eine
böse Frau hat, wie ich, dann gibts bloß noch eins: du stürzt
dich ins Wasser, Kopf zuerst.

Diese Übersetzungen und Bearbeitungen sind entstanden auf der Suche nach einem neuen Molière: nicht dem zierlichen, den es schon gab, nicht dem charmanten, nicht dem literarischen Molière. Ich wollte die vitale Kraft wiederentdecken, die einmal in ihm gesteckt haben muß, denn wie sonst hätte er so viel Wut, Erbitterung und so viel befreiendes Gelächter in seiner Zeit hervorrufen können. Damals, in den starren Konventionen und in dem literarischen Getue seiner Zeit, müssen diese Stücke grob realistisch und schon deshalb provozierend gewirkt haben. Ihr Autor wurde in den literarischen Kreisen als schlechter Dichter abgetan. Molière ist nicht charmant. Er verhöhnt ja die feinsinnige Zierlichkeit und die Ziselierungskunst seiner schreibenden Zeitgenossen, er ist antipoetisch, antiliterarisch. Seine Dialoge sind Schläge, und er erfindet Szenen und Konstellationen, die es möglich machen, diese Schläge verletzend auszuteilen. Man erkannte sich und die Zustände der Gesellschaft in den Stücken wieder.

Heute, in den Aufführungen, die ich hin und wieder gesehen, und in den Übersetzungen, die ich gelesen habe, wirken die Stücke meist wie museale Nachkonstruktionen, in den komischen Szenen operettenhaft betulich, fad komödiantisch oder philologisch altertümlich.

Die Sprache meiner Bearbeitungen sollte heutig, aber nicht Jargon sein, ohne gewaltsame Veränderungen möglichst präzis auf die Personen bezogen, der Dialog knapp, gestisch. Im »Geizigen« und im »Eingebildet Kranken« habe ich die barocke Regelmäßigkeit von Ort und Zeit aufgegeben. Die Situationen haben Schauplätze: Harpagon filzt den herumlungernden La Flèche in seinem Kontor; der erste große Streit des Vaters mit seinen Kindern findet am familiären Frühstückstisch statt, Harpagon setzt sich an den Tisch, da ist die Stimmung weg, Sohn und Tochter drehen die Brotscheibe um, damit er die Butter darauf nicht sieht; in einer Rumpelkammer verhandeln Frosine und Harpagon, die beiden Alten, über die Heirat mit dem jungen Mädchen.

Vor allem, darauf kam es mir bei der Bearbeitung an, ist Molière Theater. Jeder Dialogsatz ist ganz direkt an den Bühnenvorgang gebunden, es gibt keine freien lyrischen Aufschwünge, keinen rhetorischen Leerlauf. Alles ist Aktion, Bewegung, Bühnenwirkung, und was der Zuschauer sieht, ist von einer buchstäblich entsetzlichen Komik. Der Mechanismus der klassischen Komödie reißt alles mit sich fort, und er zwingt den Zuschauer zum Lachen, immer wieder, auch in den schlimmsten Situationen. Dieser Mechanismus hat eine zerstörende Gewalt, die auch das – ebenso mechanische – Happy-End nicht brechen kann: wir haben einen Blick getan in eine böse, kalte, irrsinnige Welt.

Molières Sprache, seine Mittel sind einfach: er ist ein Genie an Einfachheit. In ein paar Sätzen ist die Szene angelegt und wird rasch auf die Spitze getrieben, dann Schluß, neue Situation, neue Verwechslung, neue Verlegenheit, und so geht es bis zum Ende, das meistens lässig, wie beliebig hergeholt erscheint. Für Stückschlüsse hat sich Molière nicht interessiert, ihn interessiert der Konflikt, nicht die Lösung. Eine einfachere Grundsituation wie in »George Dandin« ist wohl kaum denkbar: Dandin wird von seiner Frau betrogen und will das beweisen. Molière entfaltet daraus immer neue komische Konstellationen in fortwährender Steigerung bis zum gräßlich komischen Ende, wo der arme George Dandin, um die Wahrheit nicht mehr zu sehen, sich die Augen ausreißt.

Über den Moralisten Molière steht bei den Goncourts: »Er ist ein großes Ereignis der Bourgeoisie, eine feierliche Erklärung der Seele des Dritten Standes. Ich sehe in ihm das Auftreten des gesunden Menschenverstandes und des praktischen Verstandes, das Ende jeder Ritterlichkeit, jeder hohen Poesie in allen Dingen. Das Weib, die Liebe, alle edlen, ritterlichen Schwärmereien werden zurückgeführt aufs enge Maß des Haushalts und der Mitgift, alles was Schwung ist, alles Instinktive wird geschulmeistert, korrigiert. Corneille ist der letzte Herold des Adels, Molière der erste Dichter des Bourgeois.« Die Kinder Harpagons sind nicht besser als der Vater.

Warum übersetzt man alte Stücke? Um sich das Vorhandene anzueignen und sicher auch, um von dem, was man verehrt, für die eigene Arbeit zu lernen.

Tankred Dorst

19. Dez. 1925   in Oberlind bei Sonneberg (Thüringen) geboren und dort aufgewachsen
Vater Ingenieur und Fabrikant, stirbt 1931. Besuch der Oberschule bis zur Einberufung

1944   Soldat
Als Kriegsgefangener in englischen und amerikanischen Lagern

Ende 1947   nach Westdeutschland entlassen

1950   Abitur

1951   Studium in Bamberg
Häufige Grenzgänge nach Sonneberg

1952   Studium in München, Germanistik, Kunstgeschichte, Theaterwissenschaft (Ohne Abschluß).
Verdient Lebensunterhalt mit Gelegenheitsarbeiten. Erste Stücke für ein Studenten-Marionettentheater
Preis des Mannheimer Nationaltheaters für den Entwurf von *Gesellschaft im Herbst*

1960   Uraufführung *Gesellschaft im Herbst* (Regie: H. J. Klein) in Mannheim
Uraufführung *Die Kurve* in Lübeck (Regie: Utzerath)
Uraufführung *Freiheit für Clemens* in Bielefeld (Regie: Steig)

1961   Fernsehfilm *Die Kurve* (Regie: Zadek)
Uraufführung *Große Schmährede an der Stadtmauer* in Lübeck (Regie: U. Brecht)

1962   *Große Schmährede an der Stadtmauer*, Schillertheater Berlin (Regie: Zadek)
Aufenthalt in der Villa Massimo, Rom
(Arbeit an *Toller*)

1964   Uraufführung *Die Mohrin*, Städtische Bühnen Frankfurt (Regie: Klingenberg)
Gerhart-Hauptmann-Preis
Uraufführung der Tieck-Bearbeitung *Der gestiefelte Kater oder wie man das Spiel spielt* im Hamburger Schauspielhaus (Regie: Lietzau)

1966   Uraufführung des Volksstücks nach Th. Decker *Der Richter von London* in Essen
(Regie: Fontheim)

1968   Produktion des Fernsehfilms *Rotmord* nach dem

Theaterstück *Toller* (Regie: Zadek, Mitarbeit Minks)

Uraufführung *Toller* im Staatstheater Stuttgart (Regie: Palitzsch)

1969 Film *Piggies*

1970 Als Writer in Residence in Oberlin, USA

1971 TV-Produktion *Sand* (Regie: Palitzsch)
Toller am piccolo teatro, Milano
(Regie: Chéreau)

1972 Revue *Kleiner Mann – was nun?* nach Fallada
(Regie: Zadek)

1973 *Eiszeit,* Uraufführung in Bochum
(Regie: Zadek)
Toller am TNP, Villeurbanne
(Regie: Chéreau)

1974 *Auf dem Chimborazo,* Uraufführung Schloßpark-Theater, Berlin (Regie: Dorn); Kammerspiele, München (Regie: Clemen)

1976 *Dorothea Merz,* Fernsehfilm des Westdeutschen Rundfunks (Regie: Beauvais)

1977 *Goncourt oder die Abschaffung des Todes,* Schauspiel Frankfurt (Regie: Palitzsch)

1978 *Klaras Mutter,* Fernsehfilm des Westdeutschen Rundfunks (Regie: Dorst)
Eiszeit, Produktion der BBC (Regie: Jones)

1979 *Mosch,* Fernsehfilm des Westdeutschen Rundfunks (Regie: Dorst)

1980 *Die Villa,* Uraufführung gleichzeitig in Stuttgart (Regie: Krämer) und Düsseldorf (Regie: Chundela)

1981 *Merlin oder Das wüste Land,* Uraufführung Düsseldorf (Regie: Chundela)

1982 *Merlin oder Das wüste Land,* München (Regie: Dorn)